Visual Studio .NET

使用技巧手册

Minh T. Nguyen

Visual Studio .NET 使用技巧手册

作者：Minh T. Nguyen

www.enderminh.com

第一版：2004 年 9 月

中文版：2007 年 4 月

ISBN: 978-1-4303-2800-1

感谢我的父母

在二十五年前牺牲了一切

让我实现了美国梦想

同时

感谢杜明

与我分享这个梦

向 Minh T. Nguyen 和 InfoQ 致谢

InfoQ 中文站主页为

http://www.infoq.com/cn/

本书英文版主页为

http://www.enderminh.com/minh/vsnet_tt.aspx

目录

第二章 探索编译器 **29**

第三章 编译，调试与部署 51

第四章 使用 VS.NET 2005 71

前言

2002 年，微软通过发布.NET Framework 向世界展示 C#和 Visual Basic .NET 的同时，他们也为开发者社区提供了一个崭新的整合开发环境，Visual Studio .NET。在过去几年中，虽然开发者们总会争论.NET 语言中哪一个更好，或者.NET 会不会向当初承诺的一样，成为"下一个领袖"，但绝大多数开发者都同意一个观点：Visual Studio .NET 是微软发布的量化程度最高，功能最强，运行最灵活的开发工具。

Visual Studio .NET 拥有成千上万的特征和功能，使开发者的生活更加充满效率。它不仅仅是一个代码编写器，编译器，调试器，它还包含了压力测试，分析，代码优化，代码文档整合，生成报告，以及 Pocket PC 等智能设备上的程序开发功能。

Visual Studio .NET 所具有的特征实在太多了。我觉得没有几个开发者能够了解它的全部特征，快捷用法和功能。我是一个热衷于快捷键和小窍门的开发者，因为它们能改善，或者至少加快我的开发生活。因此我一直在收集其中的提示和技巧。开始只是小小的一个列表，后来这个列表越来越大，然后发展成为我在 Visual Studio .NET 中使用的一个个项目。最后，我把这些项目都写进了这本书。

《Visual Studio .NET 提示与技巧》这本书中汇集了这款伟大的 IDE 中我最喜欢的，或者最常用的提示与技巧。不过这并不是一个很全面的列表，不然这本书至少还要再厚一倍。我还故意省略了几个我认为普通开发者都应该知道的技巧。我在这里写下了最普遍，最常用，或者最有效的一些小技巧，应该对开发者们有用。初学者会在这里发现宝藏，而高级用户会为 Visual Studio .NET 2005 带来的全新特征和改动惊喜不已。

这里的大部分提示和技巧在正式文档中都没有记录，不过绝大多数都可以通过 VS.NET 的主菜单或关联菜单完成。虽然 VS.NET 提供了如此之多的功能，任何开发者都应该尽情地使用，我却经常发现开发者们对它们没有什么了解，真正用到的也寥寥无几。

这本书是以 VS.NET 2005 Beta 1 为基础的。因此最终正式的版本可能与我的描述有很大出入。

欢迎深入到这本书中来。希望你在阅读这些技巧时会感到开心，就像我发现它们时的心情一样。

Minh T. Nguyen

2004 年 9 月

华盛顿·毕尔福

第一章 编写代码

程序员每天通常有这样几项固定任务：参加团队会议，设计我们的程序并进行测试，编写文档，以及重新审视代码。不过写代码是每个程序员都无法逃避的任务。如果你喜欢写代码，VS.NET 非常适合你，因为其中有许多帮助你编写和修改代码的功能。这一章中涉及到一些能让你更快捷地编写和浏览代码的提示和技巧。有代码注释和浏览，有生成小代码段和执行复杂的查找替换操作。一切在你写代码时需要了解的事情都可以在这一章里找到。

添加 XML 注释

智能提示是 VS.NET 中非常常用的功能，可以对当前对象即时列出其成员。VS.NET 中最受关注的特征之一，很可能就是通过在你自己定义的类和方法中插入一段代码注释来扩展智能提示。在 C#中实现这一功能，你需要在一个类或成员的定义前加入三条斜线"///"。VS.NET 会自动生成相应的 XML 字段，你只需要在其中加入详细的说明或参数信息（如图 1）。项目重新生成后，VS.NET 中就已经拥有了你所定义的信息，并可以在智能提示中使用。这些信息中包括方法的说明，方法参数，返回值，枚举变量，枚举值和属性。

```
/// <summary>
/// Provides some helper utilities
/// </summary>
public class HelperClass
{
    /// <summary>
    /// Copies specified file into backup directory
    /// </summary>
    /// <param name="fileName">Full path to physical file</param>
    public static void BackupFile(string fileName)
    {
        // ...
    }
}
```

图 1 在 C#中加入 XML 注释

除了最常见的<summary>标签（智能提示中显示的说明文字），你还可以在其中加入以下标签（不要忘了对应的关闭标签）：

- <example>

- <exception>

- <include>

- <paramref>

- <permission>

- <remarks>

- <value>

VS.NET 2002 与 2003 不支持在 VB.NET 中使用 XML 注释。不过 VS.NET 2005 可以。你只需要同样输入三条斜线来生成 XML 字段，然后填入相应的信息（如图 2）。或者你可以右键点击想加入注释的结构体，在弹出菜单中选择"插入注释"。

```
''' <summary>
''' Prints a text file to the printer
''' </summary>
''' <param name="filePath">Full path of the text file to be printed</param>
''' <param name="printCover">Prints a cover page before the text file</param>
''' <remarks></remarks>
Public Sub PrintFile(ByVal filePath As String, ByVal printCover As Boolean)
```

图 2 VS.NET 2005 中为 VB.NET 加入 XML 注释

当然，.NET Framework 如此直观的主要原因之一，就是智能提示中给出的大量说明。我强烈推荐你在自己的项目中使用这一功能。

在网页中加入注释

你在代码中加入的 XML 注释不仅可以在智能提示中显示出来，还可以用于快速生成一个网页文档，来列出你的所有类和其中的字段。你只需要选择菜单中"工具➡建立注释网页"，然后选择导出当前项目还是整个解决方案的注释。

生成的"代码注释网络报告"中会列出所有的类，按命名空间和项目排序，同时还有类成员的说明和继承信息。

如果你不喜欢默认的模板布局，你可以把这些注释导出到一个 XML 文件，然后自己编写一个 XSLT 转换来把它转换成需要的格式。在解决方案浏览中右键点击你的项目，然后选择弹出菜单里的"属性➡生成"。在"XML 文档文件"框内输入一个 XML 文件名。于是在生成过程中，VS.NET 会把所有代码注释导入到这个 XML 文件中。因为这个文件是所有注释的列表，一切 XML 注释都会被加入其中。换句话说，每个未加以定义的方法，属性，枚举型变量等等都会在编译时产生一个警告信息。

生成代码注释网络报告的功能在 VS.NET 2005 中被取消了。

使用跨项目智能提示

如果你使用 XML 注释，你可能会发现，同一个解决方案下的不同项目定义的代码注释不会在智能提示中出现。

要解决这个问题，你可以把该 XML 文件重命名为程序集的名字，如 MyAssemblyName.xml。这样就可以让你在为解决方案中其它项目添加对该项目引用时自动调用 XML 文件，并在智能提示中显示相应的信息。这一技巧使用的条件是开启引用的"本地复制"属性。因为 VS.NET 只是把该 XML 文件和相应的程序集从被引用的项目中复制到当前项目的 bin 目录中，所有对被引用项目中的注释作出的修改都必须在修改了 XML 文件之后才会影响到智能提示。不幸的是，唯一的办法就是关闭"本地复制"属性，等几秒钟，然后重新打开。这样 VS.NET 才会真正删除被引用内容的副本，重新复制新的内容。

好在 VS.NET 2005 中不再需要生成 XML 文件来实现跨项目的智能提示支持。同一个解决方案下的项目之间已经有了自动的完整智能提示支持。甚至连修改了注释之后的重新编译步骤都已经被省去了。

加入注释标记

你是不是经常会写一个提醒自己还有什么事没做的注释，然后忘记了它在哪里？你可以利用注释标记。这是一些 VS.NET 支持的关键字，可以以列表的形式进行编译。比如说，像图 3 一样，在你的代码任意位置放置一个 TODO 的注释。

```
// TODO: Double-check this algorithm
for(int i=0;i<100;i++)
{
    // ...
}
```

图 3 注释标记

不需要重新编译，选择"查看→显示任务→所有"，就可以看到你在代码中加入的全部备忘录（如图 4）。在 C#中，VS.NET 只允许你查看当前打开的文档中加入的 TODO，而在 VB.NET 中可以查看的范围是整个解决方案。

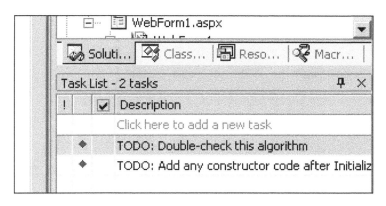

图 4 任务列表中的 TODO 标记

在 VS.NET 2005 中，选择"查看→其它窗口→任务列表"（或者按 Ctrl-Alt-K），然后用任务列表上方的下拉菜单把查看的任务类型设置为 Comments。

除了 TODO，VS.NET 中还定义了 HACK，UNDONE 和 UnresolvedMergeConflict 标记。在"工具→选项→环境→任务列表"中，你可以定义这些任务的优先级，也可以定义自己的标记。

注意： *注释标记是大小写敏感的。*

除了使用注释标记，你还可以在代码中设置任务快捷标记，方法是按 Ctrl-K，Ctrl-H，或右键点击代码后在弹出菜单中选择"添加任务快捷标记"。该标记会为当前行加入快捷访问图标，同时在任务列表中加入一个对应的可点击的快捷访问图标。用同样的快捷键组合可以取消该标记。重启 IDE 后，这些标记仍然保留。

为代码段加入注释

你可以在代码中加入一行注释，C#使用"//"标记，VB.NET 使用"'"。另外，C#中还可以使用"/*"和"*/"把之间的一段文字设为注释。

注释一段文字更快捷的方法是选中该段文字，然后点击"注释"按钮（如图 5）或按 Ctrl-K，Ctrl-C。取消一个选区的注释可以按"取消注释"按钮（或 Ctrl-K，Ctrl-U）。

图 5 注释按钮和取消注释按钮

创建区域

随着你的代码越来越庞大，浏览起来就越来越困难。你可以从主编辑窗口上方的下拉菜单中选择需要的类或它们的方法，也可以用本地区域来整理你的代码。在需要指定的区域开头使用#region 关键字和一行说明文字，然后在区域末尾使用#endregion 结束（见图 6）。

```
#region calculation algorithm

// TODO: Double-check this algorithm
for(int i=0;i<100;i++)
{
    System.Diagnostics.Debug.WriteLine(i);
}

#endregion
```

图 6 在代码周围创建区域

使用区域的美观性在于你可以点击#region 旁的加号将这一区域折叠起来，只留下一行灰色的说明文字。作为一个开发者，你或许已经发现了这一特征，因为VS.NET 自动生成的代码中经常会用到。

注意： *在 VB.NET 中，区域的定义符是双引号。另外，你不能在方法内创建区域。应该用区域把方法和类包含在内。*

当你用鼠标滑过灰色的说明行时，你可以马上看到折叠区域里的内容（如图 7）。你还可以在代码内部拖放折叠区域。不幸的是，如果你把一个折叠区域粘贴到别的地方，粘贴后的区域会自动展开。

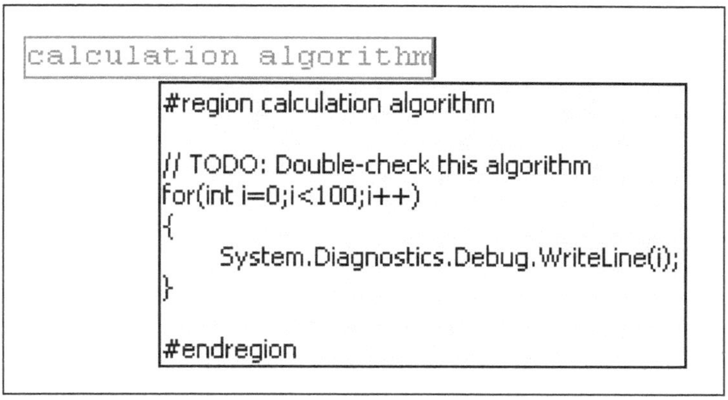

图 7 用鼠标滑过区域以查看内容

展开并解除当前所在区域的快捷方式是 Ctrl-M, Ctrl-M。

区域有助于对代码进行逻辑分割甚至注释，而且区域是可以嵌套的。如果要一次展开或解除所有区域，右键点击主编辑窗口左侧的灰色栏，弹出的"大纲"菜单中会提供多种展开和解除区域的选项。

隐藏当前选区

在方法，注释和程序段中使用#region 关键字可以创建区域。而在 VB.NET 和普通的文本中，你可以不使用#region 为任意段落创建一个区域。选中你想要隐藏的段落，按 Ctrl-M, Ctrl-H。当前选区就会被一个临时的折叠区域隐藏起来（如图 8）。按 Ctrl-M, Ctrl-M 可以将其展开。临时区域在项目关闭后会消失。

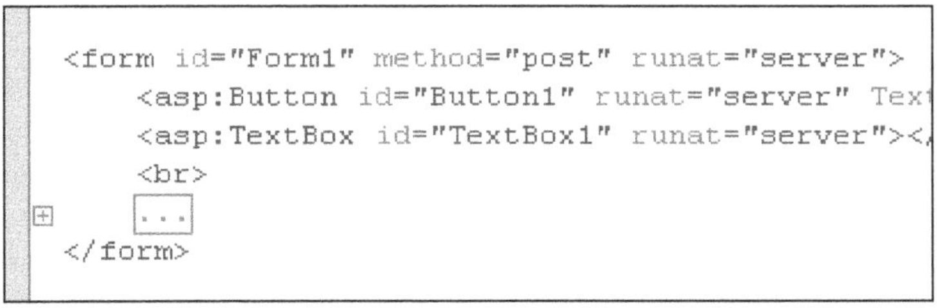

图 8 隐藏任意文本文件的片断

因为这个技巧可以用于任意文本文件，对于 HTML 的标签尤其有用。此技巧在VS.NET 2002 和 2003 中使用 VB.NET 编码时有效（2005 中不可用）。

选择一个词

编写代码时选择一个词是经常会做的事。你可以双击这个词的任何位置，或者按下 Ctrl-W。

选择整个字符串

选择整个字符串也是经常会做的事。如果你想选择两个双引号之间的字符，把鼠标放在前引号左侧，双击。整个字符串（包括引号）都会被选中（如图 9）。你也可以按住 Ctrl 键在同样的位置单击。这个技巧只能应用于 C#。

```
Console.Out.WriteLine("Hello World");
```

图 9 双击前引号选择整个字符串

切换到选区的开始或结尾

无论何时，如果你想要快速跳转到一个选区的开始或结尾，你可以反复按 Ctrl-R，Ctrl-P。这样你就可以在前后两个点之间来回切换。

把代码放入工具箱

每个项目中都有一些会反复侵用的代码段或文本，比如你需要在每个文件开头放置的版权页眉，或者一小段用于实现常用功能的代码。如果你发现你把同样的代码粘贴了好多次，把它放进工具箱里或许会更好一些（就是列出所有窗口控件和网页控件，用 Ctrl-Alt-X 可以调出的那个窗口）。选中你所需的文字，把它拖进工具箱的"通用"选项卡下面（如图 10）。

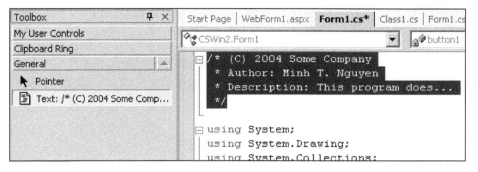

图 10 将选中的文字放入工具箱以便重用

右键点击工具箱中生成的代码段，在弹出菜单中选择"重命名项目"可以为代码段重新命名。就像工具箱中其它控件一样，你可以把它拖进正在编写的代码中，或者简单地双击它就可以将代码段插入光标的当前位置。

工具箱中通用选项卡下的内容是与项目和解决方案独立的，所以即使重启VS.NET 也不会丢失。

使用剪贴环

剪贴环中保存了你之前放在剪贴板中的几十个代码段。这与你在 Microsoft Office 中使用的剪贴板管理工具非常相似，在你不小心覆盖了当前剪贴板内容，或者在几个不同的内容之间来回跳转时非常有用。

剪贴环是工具箱中的一个选项卡。你可以双击其中储存的一个剪贴板内容，将其粘贴到光标的当前位置，也可以把它拖进编辑窗口中。

当剪贴环里的内容过多，或者你无法看到里面每一项的完整内容时，你可以使用循环粘贴的功能。反复选择"编辑→剪贴板循环粘贴"（或者按下 Ctrl-Shift-V）可以让 VS.NET 循环给出剪贴板中的内容，显示在光标的当前位置。这一功能的好处在于你可以在循环显示中清楚地选择需要粘贴的内容。你可以不断地循环，直到你找到需要的内容为止。

变换一个字符或单词

变换字符或单词的意思是把光标前后的字符或单词翻转，然后把光标放置在后面。如果你打错了一个词，或者在写一句话或一行代码时单词顺序出错，你可以使用变换功能来修改。

变换一个字符的快捷键是 Ctrl-T。光标前后的两个字符将被调换过来，光标随即会右移一个字符。连续按 Ctrl-T，你可以把一个字符一直向后移。

变换一个词的快捷键是 Ctrl-Shift-T。需要注意的是，这一操作并不是简单地调换两个相邻的单词。VS.NET 可以智能忽略"不重要"的字符，如等号，字符串引号，空格，逗号等。

比如说，有一行代码本来是下面的样子：

New SqlCommand("trans", stored_procedure, conn);

在 trans 上连续按下 Ctrl-Shift-T，你会得到：

New SqlCommand("stored_procedure", trans, conn);

最后是

New SqlCommand("stored_procedure", conn, trans);

整个过程中，字符串引号和逗号都会保持原来的位置。如果是在一行的末尾，按下 Ctrl-Shift-T 将把当前单词与下一行第一个单词调换。

剪切，复制，删除，交换一行代码

要把整个当前行复制到剪贴板时，你可以在不选择任何字符的状态下按 Ctrl-C 或工具栏中的复制按钮。剪切也是同样的方式。在不选择任何字符的状态下按 Ctrl-X 或工具栏中的剪切按钮，可以把整个当前行剪切到剪贴板中。

按 Ctrl-L 就可以删除一行。如果你要把当前行与下一行交换，可以按 Alt-Shift-T，光标同时也会下移一行。你可以一直按下去，直到你把当前行移动到所需的位置为止。

用表格方式编辑 XML

用文本方式编辑 XML 有时相当麻烦。虽然编辑器可以替你关闭标签，你经常还是要为了增加一个新元素在所有 XML 节点中进行复制粘贴（如图 11）。

```
<?xml version="1.0" encoding="utf-8" ?>
<Persons>
    <Person>
        <FirstName>John</FirstName>
        <LastName>Doe</LastName>
        <Address>
            <StreetNumber>1234</StreetNumber>
            <StreetName>Main St</StreetName>
            <City>Los Angeles</City>
            <State>CA</State>
            <ZIP>12345</ZIP>
        </Address>
    </Person>
    <Person>
        <FirstName>Jane</FirstName>
        <LastName>Doe</LastName>
```
⊡ XML   ⊟ Data

图 11 文本方式编辑 XML

编辑 XML 文件数据部分的更佳方式是切换到数据模式（点击主窗口底部的"数据"）。你的面前将出现该 XML 的表格化形式（如图 12），你可以编辑其中的数据，或者点击每行左侧的加号来展开其子元素。你甚至只需要在最后一行（标有星号的）直接输入数据就可以为 XML 添加新的节点。当你完成一行输入时，相应的 XML 节点的标签和内容都会被加入到实际的 XML 文件中。

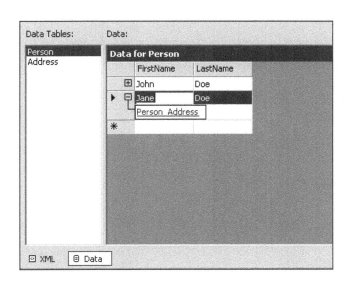

图 12 数据方式编辑 XML

这种表格模式在编辑只有 XML 序列化的数据集时非常有用。编辑继承关系更深的 XML 文件会产生位置错误的 XML 碎片。

要在 VS.NET 中切换到这种表格模式，需要选择"查看→数据网格"。

将文本粘贴为 HTML

当你将一段格式化的文字（例如来自某网站或文字处理软件的文字）复制下来，用普通的粘贴命令，或快捷键 Ctrl-V 粘贴到编辑器中时，你会发现 VS.NET 非常"智能"地为这段文字加入适当的 HTML 代码来保留其中的格式。大多数时候，粘贴的结果都与你预想的不太一样。

如果你想单纯地粘贴这些文字，不要任何格式，可以使用 VS.NET 的"粘贴为 HTML"功能。例如，如果你想把某编程网站上的代码段粘贴进来，你要粘贴的当然只是代码，而不包括格式。使用"粘贴为 HTML"功能，就可以只将文字内容粘贴进你的编辑窗口里。

为了让操作更加直观，VS.NET 2005 中把"粘贴为 HTML"设为粘贴的默认方式，并将"粘贴为 HTML"改名为"可选粘贴"。

添加类的字段成员

你可以使用"添加"的对话框来为一个类添加字段成员（属性，变量，索引或方法）。打开类的窗口，右键点击所需的类，寻找相应的添加命令（添加方法，添加属性，添加字段，添加索引）。使用添加对话框，你可以输入该成员的信息，包括字段类型，名称和访问修饰符。不过有些时候可能手动添加代码更快一些。

另外，添加对话框未必会将该成员放置在代码中你需要的位置。VS.NET 2005 中这一功能不可用，因为新的重构方法也提供同样的功能（见第 4 章，"重构代码"）。

格式化一段文字

这里有好几种实用功能可以用来对一段文字进行格式化：转成大写，转成小写，去掉两端的空格等等，还有很多。选择"编辑→高级"来查看这些功能。最常用的之一是"格式化选区"，其快捷键是 Ctrl-K, Ctrl-F，它可以将选区中的代码格式化，按照一定的缩进法则在适当的地方加入制表符。通常在输入代码时，每当一段代码结束（比如在 C#中输入"}"），编辑器会自动完成这一工作。不过一旦出现代码格式混乱的情况，"格式化选区"功能会自动对整段代码进行整理（如图 13 和 14）。

```
          public static void DoAlgorithm()
          {
#region calculation algorithm
          // TODO: Double-check this algorithm
for(int i=0;i<100;i++)
{
Debug.WriteLine(i);
}
      #endregion
}
    }
}
```

图 13 格式化前

```
public static void DoAlgorithm()
{
    #region calculation algorithm
    // TODO: Double-check this algorithm
    for(int i=0;i<100;i++)
    {
        Debug.WriteLine(i);
    }
    #endregion
}
```

图 14 格式化后

在 VS.NET 2002 和 2003 中,这一功能只对 C#和 VB.NET 代码有效,不适用于 XML 和 HTML 代码。而在 VS.NET 2005 中,你也可以同样格式化标记语言(如图 15)。其实,这种格式化功能太常用了,在 VS.NET 2005 中设置了一个格式化整个文档的按钮(如图 16 中圈出的部分)。你也可以选择"编辑→高级→格式化文档",或者按 Ctrl-K, Ctrl-D。

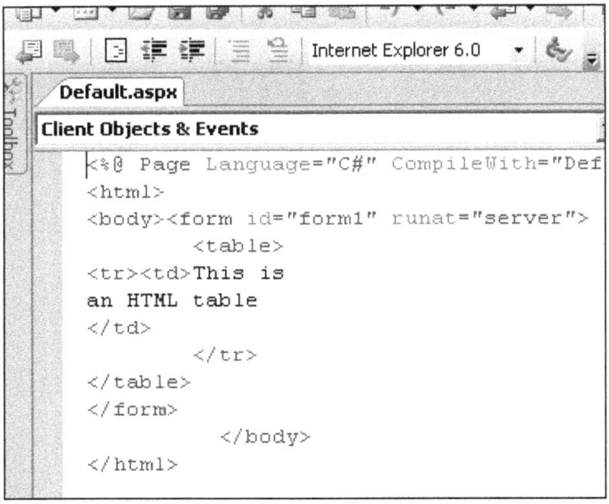

图 15 在 VS.NET 2005 中格式化标记语言

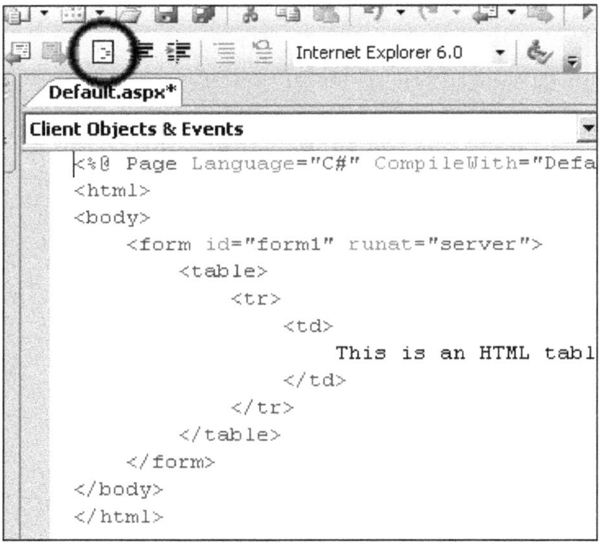

图 16 VS.NET 2005 中格式化整个文档的按钮

切换自动换行

选择"编辑→高级"来打开或关闭当前窗口的自动换行。不过通常使用快捷键 Ctrl-R, Ctrl-R 更方便些。

强行调用智能提示显示字段成员

智能提示的功能非常有用，每个 VS.NET 程序员都会毫不夸张地依赖它来浏览.NET Framework 中的类继承关系。通常智能提示会在你打出一个类名和一个点时出现，不过偶而你需要强迫它出现。比如说，你打错方法名的时候。你只能退格到那个点的位置从头开始，来引发智能提示。

这时，你可以按 Ctrl-J 来强行调用智能提示。你可以从中选择正确的方法名来替换打错的方法名。VS.NET 2005 中有一个默认按钮来完成这一操作（如图 17）。

图 17 VS.NET 2005 中的强行调用智能提示按钮（第一个按钮）

强行调用智能提示显示参数信息

与强行显示字段成员的操作类似，你也可以强行显示参数信息。在我需要从一个被 Microsoft SourceSafe 签入的文件中查询某个类的方法的参数信息时，这一功能尤其有用。目前唯一的办法是修改实际的参数列表。然而你首先必须签出该文件。

如果只是要查看参数信息，现在你不必签出文件，只要将鼠标放在参数上，按 Ctrl-Shift-空格。VS.NET 2005 中为此功能提供了按钮（如图 18）。

图 18 VS.NET 2005 中的强行显示参数信息按钮（第二个按钮）

***注意：** 智能提示工具栏中第三个按钮（Ctrl-K, I）会显示当前词的快速信息。换句话说，显示效果与你平时用鼠标滑过该词时是一样的。*

完成一个单词

VS.NET 编辑器中最常用的一个快捷键可能是 Ctrl-空格。当你输入一个词时，如果已经输入了足以识别该词为当前文件中某关键字的开头几个字母，可以按下 Ctrl-空格。智能提示的下拉框会列出以这几个字母开头的关键字。选择其中合适的一个，就可以完成这个单词。

如果你输入的开头字母序列对应着智能提示框中唯一的单词，这个词会被自动输入。当你习惯这种输入方式后，你的输入速度会进一步得到提高。VS.NET 2005中为这个功能设置了一个按钮（如图 19）。

图 19 VS.NET 2005 中的完成单词按钮（最后一个）

执行一个接口中的方法

如果你在编写一个类，决定调用某个接口，你可以让 VS.NET 为该接口所有需要用到的方法自动生成存根。实现这一功能有两种方法。

当你在 VS.NET 2003 中编写一个类时输入一个接口的名字，你会看到一条提示，说明按下 Tab 键就可以让 VS.NET 来完成该接口的成员。按下 Tab 键，VS.NET就可以自动插入该接口的存根，并且使用一个格式整齐的代码区域。

如果你已经定义过这个接口，需要加入执行代码，可以在类窗口中右键点击"基类和接口"节点下的接口，选择弹出菜单中的"添加→执行接口"（如图 20）。这一功能只能在 VS.NET 2003 中用于 C#。

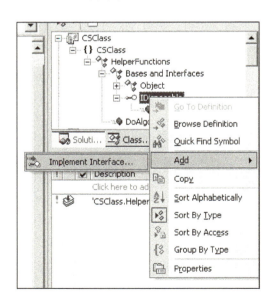

图 20 执行接口中的方法

在 VS.NET 2005 中，你可以不必通过菜单来执行接口。对于 VB.NET，所有接口的方法都是自动生成的（你别无选择）。对于 C#，你可以点击编辑器中的接口名称，从出现的智能标签中选择操作（如图 21）。

```
public class Foo : IDisposable
{
    [▼]
              Implement interface 'System.IDisposable' stubs Implicitly
              Implement interface 'System.IDisposable' stubs Explicitly

    // implicit

    #region IDisposable Members

    public void Dispose()
    {
        throw new NotImplementedException();
    }

    #endregion


    // explicit

    #region IDisposable Members

    void IDisposable.Dispose()
    {
        throw new NotImplementedException();
    }

    #endregion
```

图 21 在 VS.NET 2005 中执行接口

重载方法

与执行接口的方式类似，你可以通过同样的菜单项重载一个基类的方法。打开类窗口，展开"基类与接口"节点下的一个基类，右键点击你想要重载的方法，选择"添加→重载"。

一个重载该方法的空方法代码立即会被生成。在 VS.NET 2003 中，你会发现新输入一个方法时也可以完成重载。例如输入 public override，智能提示会列出所有可以重载的方法供你选择。选择重载的方法后，新方法的完整格式以及其中对基本方法的调用都会立即生成。

创建 GUID

在开发新类和组件时，你经常需要创建所谓的全局唯一标识符（GUID）。这是一个 128 位的值，通常用 32 位十六进制数字表示。一开始，组件开发者使用 GUID 来为组件设置独一无二的名称，因为两个组件使用同一个 GUID 的可能性微乎其微。近来开发者们在任何需要虚拟唯一标识的地方使用 GUID。随机选 32 个十六进制数字来手动生成 GUID 实在太枯燥了。

幸好 VS.NET 中设置了一个随时生成 GUID 的小工具。选择"工具→创建 GUID"来打开创建 GUID 对话框（如图 22）。在这里你可以生成各种格式的标识符，包括 COM 开发中经常用到的通用代码段。

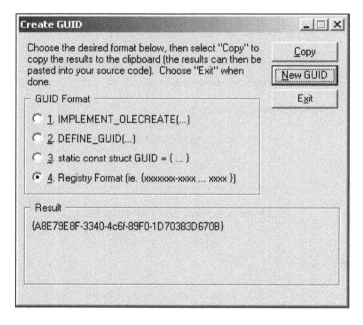

图 22 创建 GUID

不幸的是，这个工具没有提供最基本的 32 位十六进制数字序列格式。这一个本来也是相当有用的。

创建矩形选区

你知不知道在 VS.NET 中按住 Alt 键拖动鼠标可以选中一个矩形选区？这个技巧可以让你选中一个不会影响到同一行中其它部分的矩形区域（如图 23）。复制，剪切和粘贴一个矩形区域都可以这样轻松完成。

```
/// Summary description for WebForm1.
/// </summary>
public class WebForm1 : System.Web.UI.Page
{
    protected System.Web.UI.WebControls.Button Butt
    protected System.Web.UI.WebControls.DataGrid Da
    protected System.Web.UI.WebControls.Button Butt
    protected System.Web.UI.WebControls.LinkButton
    protected System.Web.UI.WebControls.Repeater Re
    protected System.Web.UI.WebControls.Calendar Ca

    private void Page_Load(object sender, System.Ev
    {
```

图 23 按住 Alt 键创建矩形选区

你可能会有疑问：谁会用到这么深奥的功能？事实上，我经常用它来完成一个文档中某部分的针对性查询替换，不然的话换行部分的选择很难处理。我保证你会发现这一技巧的方便之处。

在视图之间切换

当你开发 ASP.NET 程序时，你经常要切换设计视图和 HTML 视图。你可以不必用鼠标去找相应的视图按钮，按 Ctrl-PgUp 或 Ctrl-PgDn 可以更方便地在视图之间切换。（在设计 Web 程序时，两种快捷键没有什么区别，因为视图只有两种。）在阅读 XML 文档时，这两个快捷键也可以用于切换 XML 视图和数据视图。

在设计 Windows 程序时，按 F7 切换到代码视图，按 Shift-F7 切换到设计视图。

在 VS.NET 2005 中，Ctrl-PgUp 和 Ctrl-PgDn 可以用于 Web 程序，但不能用于 XML 文档。对于 Windows 程序，F7 可以在代码和设计视图之间切换。（Shift-F7 在 VS.NET 2005 中被指定给了另外一个功能。）

跳转到指定的行号

运行时异常通常会给出相应的行号。要跳转到文本文件中某一行，可以按 Ctrl-G 或双击底部状态栏中的行号，然后在出现的小对话框中输入目标行。

如果你输入的数字超出实际范围，光标会移动到文件的开头或末尾。过大的数值会将光标移动到文件末尾，过低的数值会将光标移动到文件的开头。

查找一个单词

通常你要在文件中查找一个单词时，会使用"编辑→查找"，然后在查找对话框中输入查找条件。但是查找单词还有别的方法可以用。比如说，主工具栏中配置下拉框的旁边有一个组合框。在列表框中输入或粘贴一个单词，按回车，也可以立即调用查找功能。连续按回车就可以依次查找下一个匹配内容。按 Ctrl-D 可以快速跳转到那个组合框。

还有一个更快的查找方式。选中一个单词，或者把光标放在单词内的某个位置，按 Ctrl-F3。这样也可以调用同样的查找功能。连续按 Ctrl-F3 就可以在所有匹配之间循环。

使用组合框和 Ctrl-F3 所调用的查找功能与普通的查找功能应用同样的设置。因此在使用前应该在查找对话框中做好相应的设置工作（比如打开"在隐藏文字中查找"，以便将折叠状态的区域纳入查找范围）。

查找并高亮显示对应的标记

有一些标记总是成对出现的。比如在 C#中，"{"标记总是对应着"}"。关键字 #region 也总是对应着#endregion。在浏览代码时，有时你需要找到对应的标记。按下 Ctrl-J，你就可以立刻找到。使用前提是光标正处于其中一个标记的旁边。这样光标就会跳到与之对应的标记处，无论之前的标记是开始标记还是结束标记。

如果你想要高亮显示两个成对标记之间的代码，按 Ctrl-Shift-J，这些代码就会被高亮显示，同时光标移动到开始标记处。使用前提是光标位于这对标记中任何一个旁边（位于该区域内时无效）。

注意： 这一特征只能用于C#。

执行递增查找

熟悉 UNIX 上的 Emacs 的人应该知道什么是递增查找。按 Ctrl-I 即可调用递增查找。你可以在其中每次输入关键字的一个字母。每输入一次，VS.NET 都会立即高亮显示出与你已经输入的关键字相匹配的结果。你输入的字母越多，匹配的结果就越接近你所需要的内容。

递增查找的优点在于你不必输入整个关键字，而只需要输入能识别出该关键字的最短字母序列。

一旦你找到了满意的匹配结果，按 Esc 返回正常的编辑模式。如果对匹配结果不满意，可以继续按 Ctrl-I 来查找下一个结果，或按 Ctrl-Shift-I 来查找上一个结果。当然你也可以继续输入更多字母来缩小查找范围。

递增查找最大的缺点是——在我看来，这个缺点使递增查找几乎变得毫无用处——即使你在查找选项中打开了"在隐藏文字中查找"，它还是会跳过折叠区域。

使用正则表达式或通配符进行查找或替换

用过正则表达式的人都知道，虽然正则表达式看上去很吓人，在制定复杂的搜索关键字或匹配类型时却是非常强大的工具。正则表达式可以让你通过通配符、字符和分组来描述一个匹配类型。

这个功能是 VS.NET 内建的，但许多开发者都忽视了它。在你按 Ctrl-F 或 Ctrl-H 打开查找或替换对话框时，仔细观察一下，除了普通的查找选项外，最后一个单选框可以让你使用正则表达式或通配符来自己定义匹配类型。

在正则表达式模式中，你可以像你在 System.Text.RegularExpressions 命名空间中熟悉的那样来定义表达式。如果你和我一样总是要准备小抄，你会感谢 VS.NET 提供的查找框旁边的箭头按钮。点一下看看，它会列出一些常用的表达式符号定义供你参考（如图 24）。

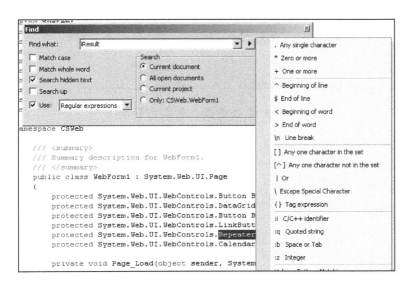

图 24 使用正则表达式进行查找

在通配符模式下，你可以使用更为熟悉的 MS-DOS 通配符来构建匹配类型，比如"*"和"?"。

正确使用的话，这两种模式会对你的查找算法有巨大帮助，或者为开发正则表达式为基础的程序提供测试平台。

执行全局查找或替换

每个代码编辑器都会提供查找与替换的功能，但你是否知道 VS.NET 有在整个项目和解决方案中进行全局查找或替换的功能？按 Ctrl-Shift-F 或 Ctrl-Shift-H 将会打开全局查找或全局替换的对话框。外观上，它们与普通的查找与替换对话框相似，不同的是它们允许你指定多个文件范围执行查找和替换。

你可以在当前文档，当前项目，整个解决方案或任何一个打开的文档中进行全局查找和替换（如图 25）。你还可以使用通配符来限定使用的文件范围。

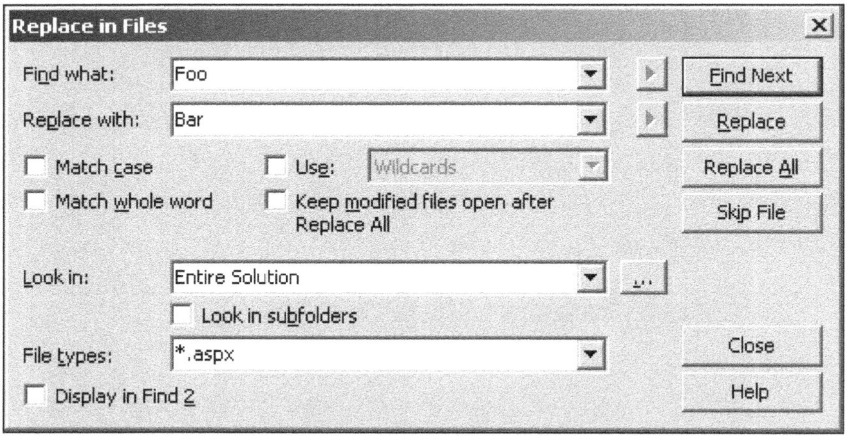

图 25 全局查找与替换对话框

一旦开始查找或替换，VS.NET 就会在所有指定的文档中进行搜索，必要时加以修改。使用全局替换时，你还会看到是否将修改过的文档打开的提示。这一点能够让你撤销替换操作，因为只有打开的文档中才可以撤销。如果你没有选择该选项，全局替换会自动将修改过的文档保存到磁盘上，从而形成永久性的更改。

在全局查找和替换进行过程中，你可以随时按 Ctrl-Break 来中止操作。

完成查找和替换之后，会弹出一个查找结果对话框，列出所有的匹配结果。和

VS.NET 中多数列表类似，你可以按 F8 来确认这个列表，或双击其中的一个结果来查看具体位置。如果该结果位于一个折叠区域中，双击该结果会自动将该区域展开。

进行新的查找与替换时，VS.NET 会清除上一个结果列表，写入新的结果。不过如果你想保留上一个结果，可以在查找对话框中选中"显示为第二个查找窗口"，把结果导出到第二个窗口中。你可以在两个结果集之间切换。

在 VS.NET 2005 中，所有查找与替换功能都集成在一个对话框中（如图 26），但你可以通过顶端的下拉列表来调用全局查找与替换功能。所有快捷键都没有改动。

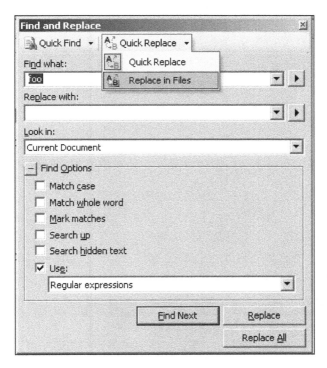

图 26 VS.NET 2005 中的全局查找与替换

使用书签

在你上网时，你可以把链接以书签的形式存入收藏夹。这样你就可以快速返回到特定的页面。在编程中，这一点也同样可以利用。

在编码时，你经常会反复查看某些关键部分的代码。频繁地翻动页面到那些位置总会让人厌烦,你可以点击文本编辑工具栏中的蓝色小旗将那些行存为书签。(右键点击任何工具栏,在弹出菜单中选择"文本编辑"就可以显示出来。)你还可以按 Ctrl-K, Ctrl-K 放置一个书签。该行的左侧会显示出一个书签的标记,而且你可以点击工具栏上相应的按钮在各书签之间快速跳转(如图 27)或者按 Ctrl-K, Ctrl-P 跳转到上一个书签,按 Ctrl-K, Ctrl-P 跳转到下一个书签。

图 27 创建书签,下一个书签,上一个书签,清除书签按钮

点击清除书签按钮或按 Ctrl-K, Ctrl-L 可以清除所有的书签。

VS.NET 中的查找对话框中的"标记全部"按钮可以为所有的匹配结果创建书签。

VS.NET2005 添加了许多对书签的支持。比如说,你可以点击书签工具栏上的两个按钮,跳转到同一个文件中的上一个或下一个书签(如图 28)。

图 28 VS.NET 2005 中同一文件内的书签之间跳转

你也可以为书签命名。先按下 Ctrl-K, Ctrl-W 打开新建书签窗口(也可以选择"查看→其它窗口→书签窗口")。这里会列出你已经创建的所有书签(如图 29)。与任务列表一样,双击一个书签就可以跳转到相应的位置。你也可以按 F2 或选择右键菜单中的"重命名"来改变书签的名字。此外,你还可以建立文件夹来给书签分类,还有专门的按钮可以让你在同一文件夹内的书签之间跳转。

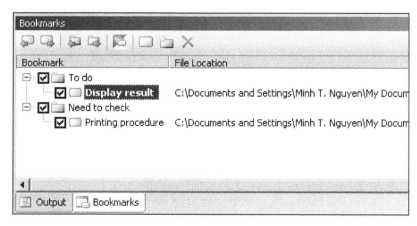

图 29 在书签窗口中管理书签

书签窗口中，每个文件夹和书签的旁边都有选择框。你可以禁用一个书签，而不必把它删除。在使用跳转功能时，被禁用的书签会被自动忽略。

跳转到方法的定义

当你在一个类中调用方法时，可能会想看看该方法的定义代码。使用 Visual Basic 6 的开发者都喜欢用 Shift-F4 的快捷键跳转到任何方法的定义位置。而 VS.NET 把这一功能设置在了弹出菜单中。在编辑窗口中右键点击方法名，选择"跳转至定义"（如图 30），VS.NET 就会跳转到该方法的定义代码。该功能的默认快捷键是 F12。

图 30 跳转到一个方法的定义

当你在一个刚刚打开的文档中使用这一功能时，系统需要相当长的时间找到方法的定义位置。我想 VS.NET 是在为所有引用的程序集生成一个方法与程序行数的对应表。这个准备工作只需要做一次，接下来的使用都会非常快捷，即使是用于另外一个方法。

用浏览器的方式浏览

VS.NET 在编译器中设置了类似浏览器的前进与后退按钮，可以在最近的光标位置之间移动。通常这两个按钮位于撤销和重做按钮右侧（如图 31 左上方）。你也可以在查看菜单下找到相应的选项。

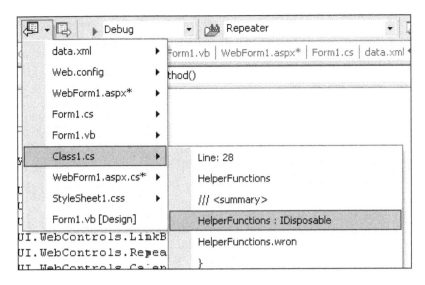

图 31 浏览器方式的浏览按钮

在使用了"跳转至定义"功能，临时切换到另一个文件，或者在同一个文件中移动到另一行之后，你都可以用后退按钮返回之前的编辑位置。与普通的网页浏览器一样，VS.NET 会保留最近的浏览历史纪录。后退按钮中带有一个下拉列表，你可以选择返回哪一个文件。（不过前进按钮中没有这种列表。）

这些浏览按钮预设了快捷键。按 Ctrl-横线可以后退，按 Ctrl-Shift-横线可以前进。

插入外部文本文件

如果开发者需要插入存为另一个文件的代码段，他们通常会用记事本打开该文件，然后复制粘贴进来。我们还有一个方法，在编辑窗口中选择"编辑→以文本方式插入文件"。这一技巧没什么特别之处，只是为你节省了打开和关闭记事本的步骤。

插入 Javascript 标签

虽然 ASP.NET 架构非常强大，你还是需要 JavaScript 来编写客户端脚本。在 ASP.NET 文件中编写 JavaScript 时，你需要把代码放在如下的标签之内：

<script language="JavaScript"></script>

此外，网页开发者还喜欢在 scr.pt 标签内放置<!-- //-->的注释标记（如图 32）以

免不支持 JavaScript 的浏览器出现崩溃，因为<!--和//-->之间的内容都会被解释为 HTML 中的注释。

```
              <script language="javascript">
<!--

//-->
</script>
```

图 32 插入客户端脚本

如果你经常这样做，VS.NET 设置的为你加入这四行代码的功能会非常满足你的需要。选择"编辑➜插入脚本代码➜客户端脚本"。这一功能只能用于 ASP.NET 页面的 HTML 视图中。

你或许会想到，相应还有一个插入服务器端脚本代码的功能，让你为没有使用 Code-Behind 的 ASP.NET 文件插入服务器端脚本代码。可惜 VS.NET 2005 取消了这一功能。

大纲形式列出 HTML 和表单的继承关系

文档大纲是用树状格式列出你的 Web 表单中所有继承关系的窗口，其中会列出主要的 HTML 元素，网页控件和标签（如图 33）。你可以选择"查看➜其它窗口➜文档大纲"或按 Ctrl-Alt-T 来打开这个窗口。这里的大纲会在你输入新内容或修改 HTML 代码时更新，不过你也可以选择"查看➜同步文档大纲"强制它进行同步。在树状显示中单击任意一项都会把光标定位在相应的 HTML 标签处。右键菜单中还可以对任意项目进行剪切或删除。

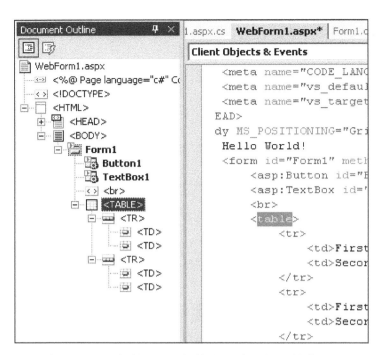

图 33 显示你的 Web 表单继承关系的文档大纲

从 VS.NET 2005 开始，文档大纲也可以用于 Windows 表单程序。在这里，树状结构会显示出控件的类型和实例名称。你还可以用右键菜单更改控件的名字。

第二章 探索编译器

VS.NET 是一个可高度自定义的功能强大的编译器。屏幕上的每一块区域都可以让你快速访问到常用的命令，执行常用的操作以及对项目和解决方案的控制与修改。本章中收录的技巧涵盖了许多方面，从解决方案浏览窗口到所有窗口的定位，从管理宏，修改菜单项，到其它一些不为人知却对深入了解编译器非常有用的功能。

用默认操作打开文件

双击解决方案浏览器中的任何一个文件都可以用默认的编辑器打开它。你可以为特定的文件类型修改其对应的默认编辑器。右键点击文件，选择"打开方式"，就可以设置相应的代码编辑器和模式。其中包括 HTML/XML，表单编辑器，源代码编辑器，二进制编辑器等。在同一个对话框中，可以点击"设为默认"按钮为选中的文件设置默认编辑器。

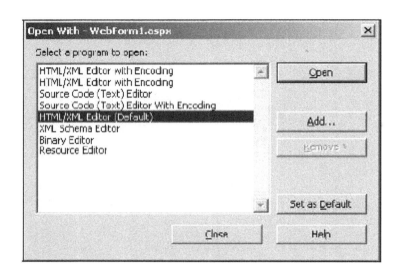

图 34 选择打开文件的默认操作

"打开方式"对话框中可以设置默认的查看模式，对于 Web 表单和 Windows 表单程度尤其有用，因为在代码视图和设计视图之间，你或许比较喜欢前一个（或者后一个）。

显示额外的文件

默认状态下，解决方案浏览器中只显示当前方案中包含的文件。如果你把另外的文件复制到项目文件夹中，它们是不会自动在浏览窗口中显示的。这时你可以点击解决方案浏览器工具栏中的"显示额外文件"的按钮，所有的文件都会被显示出来（不在解决方案之内的文件以灰色显示）。

之后你就可以右键点击文件，选择"加入项目"，把这些文件加入解决方案之中（同时也加入了控件库）。另外你还可以把文件从资源管理器中直接拖入解决方案浏览器，也可以把它们加入解决方案。

另外，选择显示所有额外文件后，你还可以看到 ASP.NET 页的 Code-Behind 文件。双击 Code-Behind 文件，就可以用代码视图打开 ASP.NET 页面。

设置项目依赖项

在由许多项目和自定义生成事件构成大型解决方案中，你经常需要控制项目的生成顺序。VS.NET 通常能够分析项目之间的引用关系，自动判断应该先生成哪些项目。通常第一个生成的项目就是最先被引用的项目。这一算法的默认前提是你已经为项目设置了引用。

然而，有些时候你不得不指示 VS.NET 优先编译某一个没有引用的项目。右键点击需要最后生成的项目，选择"项目依赖项"。你可以在这里手动设置项目对其它项目的依赖，于是这些被选中的项目都会在当前项目之前生成（如图 35）。选择当前项目的下拉列表可以让你指定其它项目的依赖项。

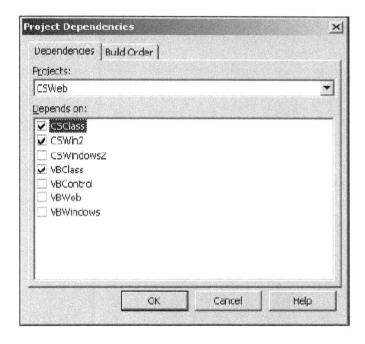

图 35 手动设置项目的依赖项

VS.NET 会防止你建立循环引用，或者修改由添加项目引用所生成的依赖关系。你可以随时打开只读的生成顺序表来确认生成顺序。

在 VS.NET 2005 中，解决方案浏览器中的 web 应用程序项目没有项目依赖项弹出菜单，所以你只能用"网站→项目依赖项"来代替。

将文件作为资源嵌入

通过将文件作为资源嵌入的操作，你可以将任何文件直接加入你的程序集。假设你要在 Windows 程序中显示一个公司的标志。你可以正常生成一个 Windows 程序集，在其中引用一个外部图片文件，并与整个程序一起发布。另一个选择是将图片嵌入你发布的程序集中。你不需要同时发布外部图片，更重要的是，不会出现两个文件不在一起而无法显示的情况。

在你将文件作为资源嵌入之前，需要先将它加入解决方案。然后可以在解决方案浏览器中选择该文件，修改属性窗口中的"生成操作"一项。这一属性告诉编译器该如何处理该文件。如果你选择了作为内嵌资源生成，文件将会被以原来的大小加入生成的程序集（不论这个程序是 EXE 还是 DLL）。

在运行时，你可以用如下的代码取出资源：

Assembly oAssembly = System.Reflection.Assembly.GetExecutingAssembly();

Stream streamOfBytes = oAssembly.GetManifestResourceStream("filename.typ");

之后你需要将取出的数据转换为原来的类型（比如对于一个图片文件使用 Image.FromStream()）。注意这段代码与该资源原来的类型毫无关系。所以你可以将任意类型文件嵌入，声音，视频，PDF，甚至另外一个程序集。

修改演示时编译器窗口的字体大小

在你使用 VS.NET 演示代码时，你总是要把编辑器的字体调大，以便每个观众都能看清。许多开发者都清楚，用"工具→选项→环境→字体与颜色→大小"可以修改。效果很不错，可是输出窗口，解决方案浏览器，类窗口，宏窗口，以及文件名称选项卡上的字还是很难看到。

你同样可以控制这些部分的文字大小（如图 36）。在同一个设置窗口中，第一个下拉列表名为"显示需要设置的部分"。在其中选择"对话框和工具"。在这里设置字体和大小，就可以改变编译器中大部分文本的格式。在重新启动编译器后，所有更改才会完全显示出来。如果需要加大输出窗口的字体，在"显示需要设置的部分"中选择"输出二具"。

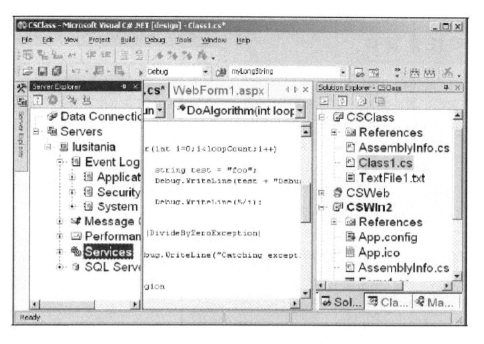

图 36 修改所有编译器窗口的字体大小

如果你想把这些部分的字体恢复初始值，点击"使用默认值"按钮。不过这一按钮只作用于"显示需要设置的部分"中的当前项目，如果你需要的话，你只能对每个窗口使用一次。

拖动文件以获取完整路径

你是否知道可以把文件从解决方案浏览器中直接拖入代码？这样会将该文件的完整路径插入当前代码中。在 HTML 编辑器中，VS.NET 的处理更加智能。如果你将另一个 ASP.NET 拖入编辑器，VS.NET 会在它的路径两端加入<a>标签，从而建立一个链接。如果你拖入一个图片，VS.NET 会将该路径放入一个<image>标签中。

不幸的是，在 VS.NET 2002 和 2003 中自动创建的 HTML 标签中加入的是绝对路径，你只能手动删除 http://localhost 或者 file://的前缀。VS.NET 2005 只会生成相对路径。

移动任意窗口

VS.NET 的任何一个窗口都是可以移动，缩放和贴靠的，包括解决方案浏览器，宏浏览器，属性窗口，任务，输出窗口，甚至工具栏，服务器浏览器，以及查找与替换窗口。拖动任意窗口的标题栏就可以将窗口移动到需要的位置。当你将一个窗口拖到可贴靠的位置附近时（如选项卡或者另一个窗口附近），会出现一个灰色框指示你将窗口放在这里的状态。双击窗口的标题可以在贴靠状态和浮动状态之间切换。你还可以在选项卡窗口中调整选项卡的顺序，包括编辑器顶部的文件名称选项卡。

窗口位置的可控性为 VS.NET 带来了许多灵活性，不过有时外观太乱使得界面缺少直观。开发者经常会为将一个窗口放在需要的位置而困扰不已。VS.NET 2005 中更直观一些：它会显示一些"热点"来指示一个窗口可以贴靠在哪些地方。

如果你觉得窗口位置放得太乱，你可以选择"工具→选项→环境→一般选项→复位窗口布局"来将窗口恢复到初始位置。在 VS.NET 2005 中，你也可以用"窗口→复位窗口布局"来恢复。

移动窗口的目的之一就是将屏幕划分成一定的区域。拖动任意文件的选项卡到编辑器右侧（左侧通常是解决方案浏览器的位置）。这样该文件就停留在右侧，将编辑窗口垂直分为两部分，每部分都有自己的文件选项卡（如图 37）。当你结束这种模式的编辑后，可以点击第二个窗口右上角的小 x 将其关闭，也可以将它拖回原来的位置。

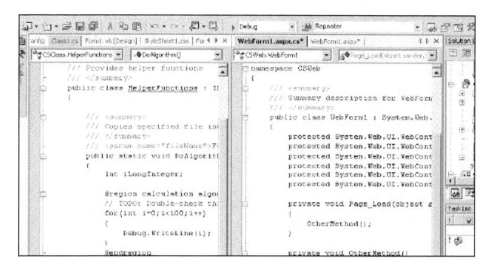

图 37 移动窗口来创建垂直分割窗口

这一技巧同样可以用于创建水平分割窗口。只要拖一个文件选项卡到编辑器下方就可以了。

在同一个文件中创建分割窗口

上述"移动任意窗口"的技巧可以创建分割窗口来同时显示两个文件。如果你想要分割窗口来同时显示一个文件的两个位置该怎么办呢？你可以选择"窗口→分割"，不过还有更快的方法。

在主编辑窗口的垂直滚动条正上方有一个小小的矩形分隔块（如图 38）。如果你用鼠标指向它，会发现鼠标变成了分割线的形状。将分隔块拖到屏幕中央就可以创建分割窗口。

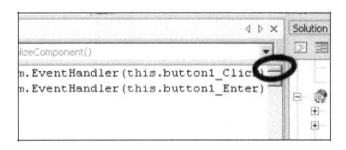

图 38 向下拖动水平分隔块创建分割窗口

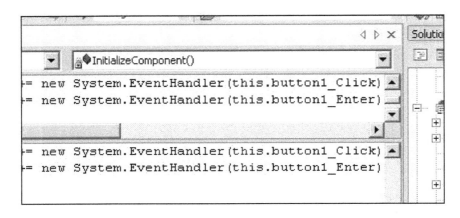

图 39 在同一个文件中分割窗口

之后将分隔块拖回原位就可以恢复。

自定义 VS.NET 菜单与工具栏

你可以增加和删除 VS.NET 的菜单项，也可以对它们重新排序。选择"工具→自定义"，会打开一个"自定义"对话框，然后回到 VS.NET 菜单。这时的菜单不会响应左键点击事件，但右键点击时会出现弹出菜单。你可以在这里对菜单项进行重命名，编辑或删除，也可以拖动它们的位置，甚至还可以建立自己的多级菜单组。

你还可以右键点击菜单项，选择"修改按钮图像"来管理它的显示图标。如果你对可供选择的图标不满意，可以将其它菜单项的图标复制过来。右键点击一个图标合适的菜单项，选择"复制按钮图像"，然后用同样的方法对你需要修改的菜单项进行"粘贴按钮图像"。如果需要为菜单项加入新命令，可以把该命令从命令选项卡中直接拖入菜单中。

除了这种打开"自定义"对话框对菜单进行修改的方式，VS.NET 2005 还加入了新的界面来修改菜单。选择"工具→自定义→重设命令"，就可以像设置工具栏一样拖动，增加和删除菜单项（如图 40）。

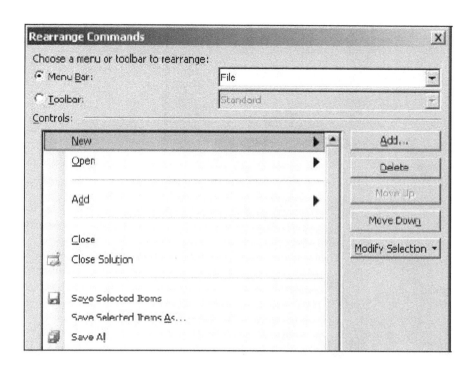

图 40 使用重设命令来自定义菜单

将外部程序加入 VS.NET 菜单

如果你在开发.NET 代码时经常使用外部程序，在 VS.NET 菜单中加入外部程序快捷方式的功能会对你很有用。比如说，如果你在.NET 开发中使用企业管理器，查询分析器，ILDASM，Reflector 等程序，可以选择"工具➜外部工具"将外部程序加入菜单（如图 41）。在这里你可以为工具菜单下显示的工具列表添加新程序，或者设定运行参数和工作目录。

你还可以在这里设置环境变量，比如将当前文件设置为$(ItemFileName)，或者将当前项目目录设置为$(ProjectDir)。如果你不清楚目前有哪些环境变量，可以点击右侧的展开按钮。

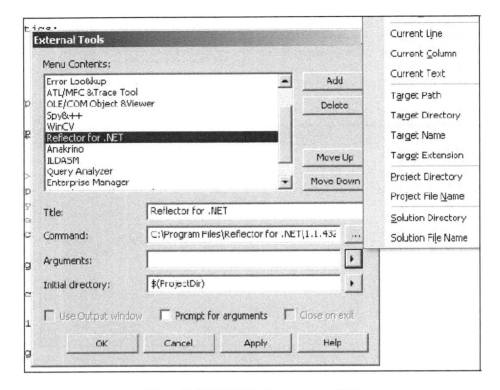

图 41 将外部程序加入 VS.NET 菜单

这样一来，你常用的程序就会显示在工具菜单下，允许你快速访问它们。使用之前的技巧可以为新的菜单项设置你喜欢的图标。

你还可以在"工具→选项→环境→键盘"中为外部工具设置快捷键，其中有许多 Tools.ExternalCommands 命令项。选择需要的一个，然后为它设置快捷键。

将文件从资源管理器中拖入 VS.NET

VS.NET 对文件拖放操作有非常完善的支持。你可以直接将文件从资源管理器中拖入 VS.NET。如果你把文件放在解决方案浏览器中的一个项目下，该文件会被复制到该项目目录下，并被加入该项目。如果你把文件放入代码编辑器，VS.NET 会启动默认的查看器（比如对于 PDF 文件打开 Adobe Acrobat），或者对可识别的文件类型直接显示文件的内容。

从资源管理器中向 VS.NET 拖放文件时，如果你的屏幕显示范围不足，可以将文件拖至任务栏，在 VS.NET 的任务栏窗口上放置几秒钟。这样 VS.NET 的窗口会获得焦点，然后你就可以将文件放在所需要的位置。（这是 Windows 使用技巧，不是 VS.NET 的。）

访问命令窗口

命令窗口很小，但却是可以让你执行 VS.NET 中所有命令的强大窗口。它拥有
完整的对象模型，可以与你的文件，文件夹，项目，宏，以及所有编译器对象
之间进行交互。选择"查看→窗口→命令窗口"或者按 Ctrl-Alt-A 就可以打开该
窗口。在标题栏的"命令窗口"旁边，你会看到熟悉的">"提示符（如图 42）。

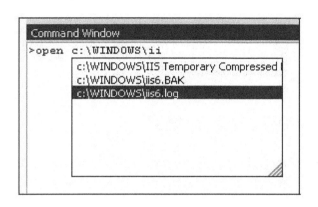

图 42 在命令窗口中打开文件

以下是你可以在命令窗口中执行的 VS.NET 专用命令。CloseAll 用于关闭当前所
有打开的窗口，而 Build.BuildSolution 就如同字面一样生成整个解决方案。如果
你不知道这些命令从何而来，可以在"工具→选项→环境→键盘"中看到 VS.NET
中所有可用的命令。

通常你需要通过以下方式来调用一个命令：

Category.CommandName

所有命令根据逻辑意义进行了分类，以便你直观地找到每个动作对应的正确命
令。

还好，智能提示在命令窗口中也同样生效。你可以随意改变智能提示下拉菜单
的大小。另外，如果你输入 open 命令，你会发现智能提示可以扫描你的文件系
统，列出硬盘上可用的文件或文件夹，节省你切换到资源管理器寻找文件的时
间。

为常用的命令添加别名

如果你经常在命令窗口中执行同一个命令，你可以为它添加一个别名。添加命令的语法是：

Alias [NewName] [OldName] [Arguments]

比如说，为打开你的设计文档添加别名的方法是：

Alias DesignDoc open "c:\Your Folder\Your Design Document.doc"

别名的优点在于它们永久有效。因此你重新启动 VS.NET 之后仍然可以继续使用。输入 alias 可以查看所有定义的别名。删除一个别名的方式是：

Alias –d DesignDoc

从命令窗口切换到即时模式

命令窗口另一个贴心功能是可以快速与即时窗口相互切换。即时窗口是在调试程序时可以输入变量名称来获取当前值的窗口（参照第 3 章 "使用即时窗口查看变量和执行方法"）。

在命令窗口中输入 immed 就可以切换到即时窗口。这个命令将命令窗口变为"即时模式"，只是标题栏不同，而且缺少">"提示符。

在使用即时模式时，你可以通过加入">"前缀来执行任何命令。如果你想永久转回命令窗口，可以输入 cmd 命令——当然，要有">"以免 VS.NET 认为你要查询一个不存在的名为 cmd 的变量。

在查找下拉列表中使用命令窗口

如果上述技巧还不足以让你喜欢上命令窗口——因为你需要用菜单或快捷键才能打开它——你会对 VS.NET 另外一个更快的执行命令的方式感兴趣的。

按 Ctrl-/将用于查找的下拉列表转换为一个带有>提示符的微型命令窗口（如图43）。这里同样具有命令窗口的所有功能，包括智能提示和你之前定义的所有别名。

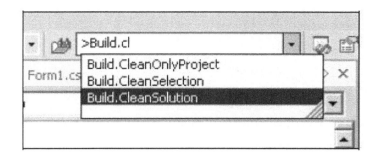

图 43 将查找下拉列表变成微型的命令窗口

使用内建网页浏览器

许多 ASP.NET 开发者知道可以将默认浏览器设为外部浏览器，以便在 VS.NET 内部调试 Web 程序。右键点击任意一个.aspx 文件，选择"浏览方式"就可以设置默认浏览器。你可以选择调用 IE 新窗口或者使用内建浏览器。内建浏览器会显示为新的文件选项卡。

你还可以在调试程序以外的操作中使用内建浏览器。按 Ctrl-Alt-R 就可以打开内建浏览器，上面和普通的浏览器一样的工具栏，你可以输入要浏览的网址，使用收藏夹取回或保存网址，以及查看浏览历史（如图 44）。你可以按 Ctrl-Alt-F 来打开收藏夹。

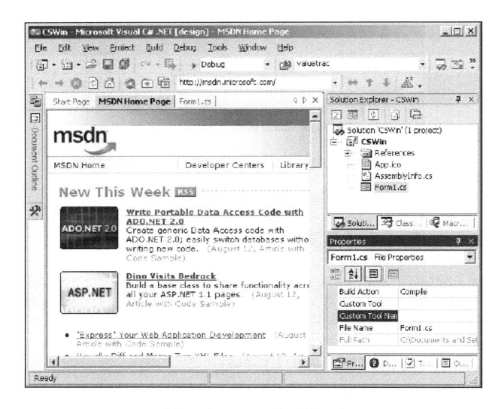

图 44 在 VS.NET 中浏览网页

使用全屏模式

与微软大多数产品相同，全屏模式可以暂时隐藏主编辑窗口以外的一切，用整个屏幕来显示最主要的窗口。选择"查看→全屏模式"或者按 Ctrl-Shift-Enter 来进入全屏模式。主菜单仍然保留在屏幕顶端，同时还有一个用于退出全屏模式的工具栏。开发者可以选择隐藏退出全屏模式的按钮，不过你必须记得退出的快捷键，或者再次选择"查看→全屏模式"。

全屏模式对任何视图都有效，包括 HTML，设计器和 XML 视图。

复制一个类的最完整名称

类视图（选择"查看→类视图"或者按 Ctrl-Shift-C）显示你的解决方案中所有类与命名空间的继承关系。你可以展开任何一个类以及它的成员，双击则可以显示其定义代码。另一个有用的功能是提取任何一个类或成员的完整命名空间。

将该类或类成员高亮显示，按 Ctrl-C。这样就可以将选中项目的完整命名空间复制到剪贴板。当你使用很复杂或很深的命名空间结构时会很有帮助。

如果你想把命名空间插入代码中，不必先复制，只需要将该类或成员从类视图中拖入代码，VS.NET 会为你完成插入的操作。

录制与播放一个临时的宏

在写代码时，你有没有遇到过需要不断重复一系列键盘操作的情况？比如说你在为几十行代码调整格式，对每一行都重复按下同样的键。如果有过，你应该尝试一下临时宏。你可以把宏看作能够将与 VS.NET 环境中的操作程序化自动完成的脚本。幸运的是，宏是用 VB.NET 编写的，所以你不需要再学习一门语言。而事实上，你使用宏的时候根本无需学习怎样编写它，只要录制一个宏，VS.NET 会为你写好代码。

选择"工具→宏→录制临时宏"或者按 Ctrl-Shift-R。浮动的记录工具栏会出现（如图 45）并记录所有的键盘操作，菜单选择以及你的操作，并用 VB.NET 把它们写进一个临时宏。将你需要重复的操作执行一遍，然后点击工具栏上的停止记录按钮（看上去就像是 VCR 的录制按钮）来停止记录（或者再次按 Ctrl-Shift-R）。

图 45 暂停，停止和取消当前宏录制进程

反复选择"工具→宏→执行临时宏"，或者反复按 Ctrl-Shift-P，你可以将临时宏重复执行任意次。

保存，编辑和调试宏

让人惊奇的是，上一技巧中的临时宏在重启 VS.NET 之后仍然存在，因为它已经被实际存入了宏浏览器。不过下一次录制新的临时宏的时候，该宏会被覆盖。

打开宏浏览器窗口（"查看→其它窗口→宏浏览器"或 Alt-F8），你会看到临时宏存放在 MyMacros 包的 RecordingModule 项目下。双击列表中的宏可以执行它。VS.NET 在示例宏的包内设置了大量有用的宏。

右键点击一个宏，选择"编辑"，就可以看到该宏对应的 VB.NET 代码。不幸的是，你不能用 C#或者其它 .NET 语言来编写宏。

不过你可以对一个宏进行调试。设置一个断点，运行它，宏编辑器会停在断点处，并给出与通常的 .NET 程序同样丰富的环境信息用于调试和查看变量值。其实在调试宏的时候，VS.NET 运行了另外一个实例。

存储宏的物理文件默认位于 My Documents\Visual Studio Projects\VSMacrosXX 目录下，XX 代表你的 VS.NET 版本。

为宏添加快捷键和菜单项

成功编写了一个宏之后，运行宏的简单方法之一是在宏浏览器中双击它。另一个更快的方法是给它添加一个快捷键或菜单项。选择"工具→选项→环境→键盘"。你可以找到一个记录着所有可能出现的 VS.NET 命令列表（如图 46）。你可以在[Macros.MyMacros.模块名.宏方法名]的位置找到你的宏。

选择了宏以后，就可以在"按下快捷键"一格输入需要的快捷键，点击"指定"予以确认。左侧的下拉列表可以让你设置快捷键的作用范围（也就是说，在哪些编辑器里可以使用这个快捷键）。

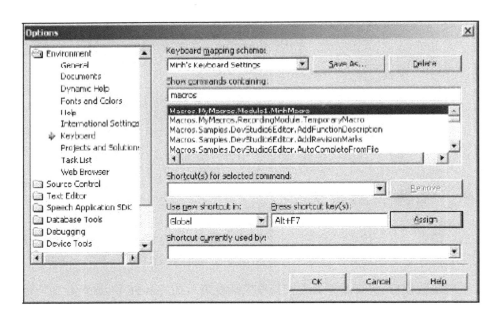

图 46 为宏设置键盘快捷键

如果要为宏设置一个工具栏按钮，选择"工具→自定义"。（你也可以双击工具栏的任意空白位置来打开自定义对话框。）在"命令"选项卡中，选择宏类别，然后将你的宏拖入任何一个工具栏中创建按钮（如图 47）或者拖入任何一个菜单中创建菜单项。与其它按钮或菜单项一样，你可以右键点击它来修改标签或图标（包括将另一个按钮或菜单项的图标复制过来）。

图 47 将宏移动到工具栏上

修改多个控件的属性

在设计 Windows 表单程序时，你通常会用属性窗口来修改一个控件的行为与外观。然而在你选择多个控件时，属性窗口也同样可以适用。选中几个控件（按住 Ctrl 或 Shift 进行选择，或者用鼠标拖出一个矩形区域），属性窗口中会自动显示出几个控件公有的属性。在这些控件被选中的状态下，你在属性窗口中作出的改动会影响到每一个控件。

有时这一功能会很有帮助，比如说你放置了一系列文本框，想改掉默认的

TextBox1，TextBox2 等属性值。你可以选中所有文本框，将 Text 属性设置为一个空格，然后将它删掉。（必须分成两步来做，因为每个文本框的初始值不同，Text 属性的值会显示为空字符串。）这样就可以删除掉所有文本框中的默认字符。

锁定控件

当你设计 Windows 表单程序界面时，你可以轻松地拖动每一个控件的位置，双击控件就可以为它加入事件处理句柄。然而有时这也是一种缺点。你很可能会不小心移动不该移动的东西。在你已经完成界面设计的时候，这可不是件好事。

为了防止这种情况发生，你可以将整个表单锁起来。在设计视图中，右键点击表单的任意位置，选择"锁定"（如图 48）。你可以继续添加事件句柄或修改控件外观，但无法再移动控件或改变控件的大小。每个被选中的控件周围会显示一个细细的黑框，以表示该控件已被锁定，无法移动。如果你想要继续设计界面，右键点击表单，再次选择"锁定"即可。

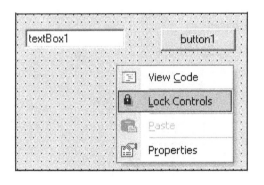

图 48 在设计视图中锁定 Windows 控件

打开和关闭属性窗口中的说明文字

属性窗口中不但显示被选中控件的所有属性，还会在说明栏中明确给出当前属性的说明。在你选择不同的属性时，说明栏会告诉你这个属性是用来做什么的。你也可以改变这一部分的大小。一开始这会很有用，不过当你渐渐熟练起来，这一部分只会浪费宝贵的屏幕空间。右键点击属性名称，选择"说明"就可以将说明栏关闭。必要的时候也可以用同样的方式打开它。

改变属性窗口中下拉列表中的属性值

如果一个属性只能接受固定的一组值，该属性的值区域就会变成一个下拉列表供你选择。比如说，表单边框样式属性只能取无，FixedSingle，Fixed3D，FixedDialog，Sizable，FixedToolWindow 和 SizableToolWindow 几种值。要设置需要的值，你只能打开下拉列表从中选择。

在遇到属性窗口中的下拉列表时，你只需要双击该属性或相应的下拉列表就可以将设定值设为列表中下一个可用的项，而不必展开下拉列表（如果当前值是列表中最后一个，则会设为第一个）。

我发现，在修改布尔值属性时这一技巧尤其有效，只要双击一下就可以将真值转为假值，假值转为真值。

通过编译器添加和删除事件句柄

通过编译器添加事件句柄非常简单。多数时候你只需要双击一下控件，就可以创建默认句柄的必要代码。但非默认句柄要如何添加？更重要的是该如何彻底删除一个事件句柄？在 C#中，删除一个事件句柄不但要删除其代码，还要删除连接事件与事件句柄的代码，通常位于 InitializeComponents()方法中。

在 C#中添加或删除事件句柄的正确和相对隐蔽的方法是使用属性窗口。选中控件，点击属性窗口中的事件按钮（黄色的那个，有点像哈利波特的闪电箭）。属性窗口会显示出当前控件拥有的所有事件，以及与这些事件相连接的所有事件句柄。

许多开发者没有意识到，事件句柄的字段是可以点击的（如图 49）。如果你双击一个空白字段，就可以创建一个新的句柄，同时可以选择应用于哪一个事件。如果你写好了一个句柄，想把它与一个事件连接，也可以用该字段旁边的下拉按钮列出所有适合的事件句柄。

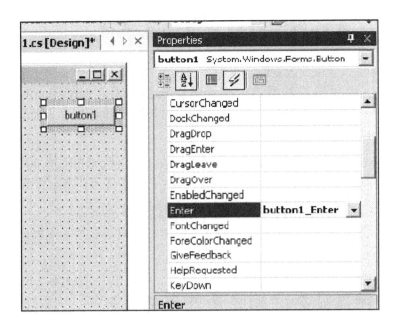

图 49 通过编译器添加和删除事件句柄

删除一个事件句柄就像删除事件字段中的值一样简单。删除的同时，InitializeComponents()方法中的句柄描述代码也会被一同删除。

对于 VB.NET，大多数开发者都知道如何添加非默认事件。在代码视图中，你可以用左上角的下拉列表选择一个控件，然后在右上角的下拉列表中跳转到该控件的某事件代码，或者为未定义过的事件创建代码。因为 VB.NET 中有专门用于事件描述的关键字 Handles，删除一个句柄与删除一个方法同样简单。

不过如果你想在 VB.NET 的属性窗口中看到同样的事件列表，就必须升级到 2005 才行，因为 VB.NET 直到 2005 才加入了这一功能。

使用下拉列表选择控件

如果一个 Windows 表单程序上的控件太多，要找其中的一个就变得很麻烦，更不要说选中它。通常在面板重叠过多，或者表单上控件过多时，你很难找出其中一个控件进行修改。

这种情况下，你可以用属性窗口上方的下拉列表来选择需要的控件。这个下拉列表只会出现在设计视图中，其中列出了表单内所有的控件。要选择其中一个控件，你只需要了解它的 ID 和数据类型。

在设计器中为 Windows 服务添加安装程序

在编译一个 Windows 服务程序时，你经常需要创建一个安装类来执行服务的安装。传统做法是选择"项目→添加新项"，在出现的对话框中添加安装类。不过由于 Windows 服务基本上都需要一个安装类，VS.NET 为其设置了一个方便的快捷做法。

在设计视图中查看 Windows 服务时，你只会看到一个空白面板上有几个用于打开服务浏览器和工具箱，或者切换到代码视图的链接。不过如果你在这个面板上点击右键，弹出菜单中会出现"添加安装项目"的选项（如图 50）。选择这个菜单项就可以为你的 Windows 服务添加安装类。

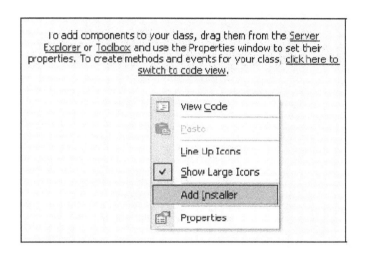

图 50 在设计视图下添加安装类

第三章 编译，调试与部署

VS.NET 不仅是一个强大的编辑器，还是同样强大的编译器，调试器与分析器。你可以通过多种方式控制编译过程。要找到程序中的 bug，以下步骤是不可缺少的：分析代码，连接你要调试的运行中的进程，然后在运行时修改代码与变量。本章列出的只是你在编译和调试程序时需要了解的几个问题。

链接文件，而不是复制到项目中

每当你为项目加入一个现有文件时，VS.NET 都会自动将该文件物理复制到项目文件夹中，然后将复制结果加入项目。然而这种结果未必是你想要的。如果只想链接一个文件，而不进行复制，选择"项目→添加现有文件"。选择所需的文件，不点击"打开"，而点击它旁边的下拉按钮，你会看到"链接文件"的选项（如图 51）。

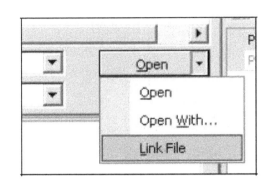

图 51 链接文件而不进行复制

选择"链接文件"就可以将该文件加入项目而不进行复制。在解决方案浏览器中，链接的文件图标旁边会显示一个快捷方式的小图标（和资源管理器中看到的快捷方式图标一样）。

当许多项目需要共享同一个文件时，这种方式非常合适。比如说在一个包含许多项目的解决方案中，你可以建立一个全局的 AssemblyInfo..cs 文件，让所有项目与它链接，而不必分别拥有一个。于是你就可以轻松地为所有项目设置同样的版本号。

设置默认命名空间和程序集名称

如果你按照业界通用的命名方式来命名，其中通常要包含你的公司名称和项目专用名称。一般来说你的命名空间会是这个样子（至少）：

公司名.项目名.类名

当你使用"添加新项目"来添加新类时，VS.NET 不会将新类放在任何项目下面，默认位置是顶级命名空间，也就是你的程序集一级。因此在建立新项目时，你或许会考虑设置默认的命名空间。

选择"项目→属性→公用属性→一般选项"（在 2005 中是"项目→属性→应用程序"），你可以在根命名空间（VB.NET）或默认命名空间（C#）一栏中设置默认的命名空间。这个命名空间可以有很多层，而通过对话框添加的新类就会被放置在这个命名空间下。另外你还可以在程序集名称一栏中修改生成的程序集的名称。因为 Windows 程序通常使用一个单词命名程序集，控件库项目的命名也要遵循这一规则。

生成编译器警告与错误信息

编译器指令是放置在代码中由编译器进行分析和处理的特殊关键字。这些关键字可以用于控制和调整编译进程。C++开发者对这种指令非常熟悉，现在 C#中也引入了同样的概念。

举例来说，你可以在 C#中指定警告指令：

#warning 该代码尚未测试

于是在你编译项目时，任务列表中会显示出"该代码尚未测试"的警告。警告信息不会对编译操作产生影响，所以这种修改不会引起问题。在大型项目中，这一技巧可以灵活用于对代码进行注释，或者提醒共同开发的人员注意可能存在的问题。需要注意的是，如果项目成功编译通过，任务列表不会获得焦点，所以你无法自动看到这些警告信息，除非你手动打开列表。

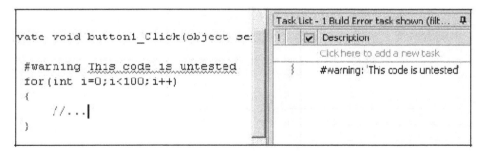

图 52 设置编译器警告指令

更严重一些的情况是在代码中加入错误指令

#error 在我完成此方法前请勿生成项目

错误指令同样会将该信息强行显示在任务列表中，但同时也会使编译失败。很明显，你通常会用错误指令来临时防止编译进程执行。

在 VS.NET 2005 中，你需要选择"查看→其它窗口→错误列表"来查看这些指令生成的警告和错误信息。

通过 Obsolete 属性生成编译器警告与错误信息

在 VS.NET 中，另外一个常用于在编译时显示警告信息的方式是为一个方法设置 Obsolete 属性。在项目开发周期内，经常会有些方法被废弃不用。可能该方法已经不再使用，效率太低，或者被另一个方法替换了。如果你无法修改这些方法，你就只能稍微修改一下名字或数字签名，来编写一个新的方法。为了兼容性，你还不想删除旧方法来破坏代码。因此 Obsolete 属性在此就可以拿来利用：

[Obsolete("使用新的 MyMethodEx 来代替！")]

Public void MyMethod()...

<Obsolete("使用新的 MyMethodEx 来代替！")>_

Public Sub MyMethod()

像这样设置 Obsolete 属性以后，代码中调用该废弃方法时会在任务列表内生成警告信息。警告信息中会同时显示你在属性参数中设置的提示文字（如上面的"使用新的 MyMethodEx 来代替！"）。

与编译器警告指令相似，这种方法不会影响编译进程。你仍然需要手动打开任务列表来查看信息。然而不同的是，这种警告只在试图调用废弃方法时出现。如果你的代码中完全没有调用这个方法，设置的警告信息就永远不会出现。

设置编译前与编译后的生成步骤

在编译解决方案时，VS.NET 只是逐个编译所有项目，然后生成需要的程序集。如果你有多种生成需求，或者涉及到额外的任务，你同样可以让 VS.NET 自动完成。编译前与编译后的生成步骤的设置只对 VS.NET 2003 与 2005 中 C#的非 web 程序有效。许多 C++开发者会对此很熟悉，因为这一功能是从以前的 Visual C++编译器中直接导入的。

选择"项目→属性→公用属性"（在 2005 中为"项目→属性→生成事件"）。在出现的生成事件对话框中，你可以设置编译前与编译后事件的命令行命令。这些 DOS 命令会在每次生成前或生成后执行。点击省略号按钮可以打开一个命令行编辑器，你可以在其中一行一行地输入多个命令。这些命令可以是标准 DOS 命令，比如 COPY 或 MOVE，也可以执行批处理或其它 Windows 程序。所有命令会按顺序执行，执行结果默认在 VS.NET 生成过程中的输出窗口内输出。

在命令行编辑器中，你不必费力地输入项目或程序集所在目录，点击底部的宏按钮，会有预设的常用宏和与解决方案相关的环境变量供你使用，比如 $(ProjectPath)和$(TargetFileName)等。在生成时它们会被替换为相应的真实值。

通常这一功能是用于在每次生成时将图像或文档等数据文件复制到相应的 bin 目录中。使用更复杂一些的批处理文件和参数，你可以创建更加灵活的生成过程和报告。

设置程序集输出路径

在生成一个项目时，输出的程序集通常位于项目的\bin\Configuration 子文件夹中，对应的设置文件夹通常是 Debug 或 Release。

不过这只是默认设置。你可以指定另外一个文件夹用来放置生成的程序集和外部文件。选择"项目→属性→配置属性"（在 2005 中，VB.NET 为"项目→属性→编译"，C#为"项目→属性→生成"）。在输出路径一栏中设置一个绝对或相对路径。该设置将从下一次生成起生效。

你可以为每个配置文件单独指定不同的输出路径。比如说，你可以将 Debug 版本的输出路径保留为默认，而将 release 版本的目录设置在公司内部网络的共享目录中。

设定程序集使用的.NET Framework 版本

.NET Framework 具有强大的并行安装功能。你可以在同一台机器上安装多个版本的.NET Framework 而不引起任何冲突。默认情况下，非 web 程序运行时使用它们编译时应用的.NET Framework（当然，如果运行的机器上有的话），而 web 程序默认使用机器上最新版本的.NET Framework。

你可以为你的程序集设定支持和需要哪些版本的.NET Framework，方法是修改程序的配置文件（程序名.exe.config 或者 Web.config）。简单来说，你只需要加入适当的 Configuration/startup/supportedRuntime 和 Configuration/startup/requiredRuntime 两个 XML 标签，并把属性设置为相应

的.NET Framework 版本即可。你可以通过这种方式强制一个 Windows 程序使用
旧版.NET Framework 来运行。

在 VS.NET 2003 中修改这里的配置非常容易。选择"项目→属性→公用属性→
一般选项→支持的运行库"。在这里你可以设计你的程序集支持和运行所需的运
行库版本（如图 53）。要确认是否设定了正确的版本，可以检查 System
Environment 类。

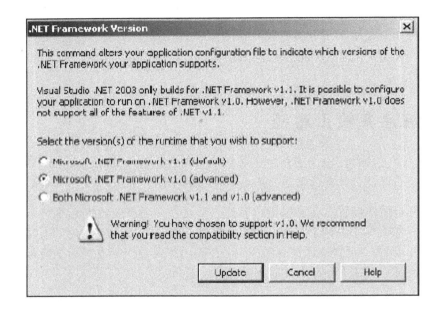

图 53 设定程序集使用的.NET Framework 版本

注意你无法为类库项目设置这一选项，因为配置文件只对应用程序和 web 程序
有效（对引用该类库的项目进行设置即可）。还要注意，即使你的程序集是用 1.1
生成的（VS.NET 2003 一直使用 1.1），也不会对 1.0 提供支持。简单的程序或许
可以顺利运行，但对于复杂一些的程序，你还是应该仔细检查兼容性，以免你
的代码中使用了 1.1 特有的功能。

部署 ASP.NET Web 程序

当你将完成的 ASP.NET Web 程序部署到服务器上时，你必须仔细选择通过 FTP
上传的文件。新手们经常会对应该上传哪些文件感到疑惑。比如说，你不需要
——或者说最好不要——将 Code-behind 代码文件（因为它们已经被编译成 dll
文件）或者项目与解决方案文件上传。多数时候，你需要上传的文件包括

Web.config，Global.asax，以及所有以.aspx, .asmx, .ascx，.dll 结尾的文件。不过你完全可以把这个无聊的筛选工作交给 VS.NET。

选择"项目→复制项目"可以将整个 web 项目使用 Frontpage 扩展或者网络共享复制到服务器上（如图 54）。我通常使用文件共享选项将项目复制到临时的虚拟目录，因为这个选项在默认情况下是为本地开发计算机而设的。在对话框底部，我指定复制"运行程序所需的文件"。选中这个选项后，VS.NET 会找出哪些文件需要部署和复制，哪些不需要。现在我只需要将临时目录中的文件通过 FTP 上传就可以了。

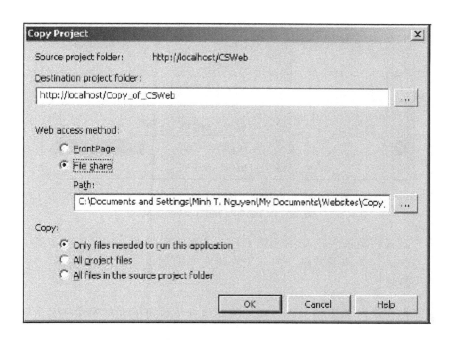

图 54 让 VS.NET 决定部署哪些文件

在调试时跳转到下一语句

虽然 VS.NET 2002 和 2003 没有提供开发者们经常需要的调试时编辑后继续调试功能，但它们已经提供了很好用的调试功能，不幸却被大多数人忽略了。

其中一个就是将当前运行点移动到下一个位置。在你一行行地运行代码时，如果需要后退几行，可以右键点击任意一行，选择"设为下一语句"（如图 55）。这样一来，调试器会强行跳转到该行，然后继续"正常"的调试工作。

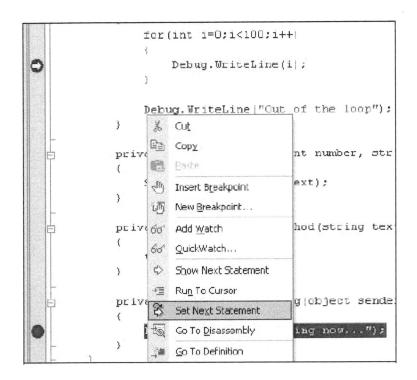

```
for(int i=0;i<100;i++|
{
    Debug.WriteLine(i|;
}

Debug.WriteLine|"Out of the loop");
```

图 55 在调试时跳出 For 循环

更快的方式是将黄箭头拖动到任意一行。你可以向后跳，也可以向前跳，还可以跳出控制语句的作用范围。但你无法跳出当前的堆栈帧，因此你只能在当前方法之内跳转。

这一功能在使用时要多加小心。随意移动执行位置可能会使程序进入正常执行时不会遇到的状态。不过不必重新启动调试进程就可以反复执行某段代码，这一点还是相当有用的。

在监视窗口中修改变量值

除了移动跳转指针，你还可以在调试时修改变量值。在调试时，你或许已经将关心的变量放进了监视窗口（拖进去就可以）。不过监视窗口不只是显示当前变量值和类型而已，值字段也是可以修改的。

对于多数类型的变量来说，修改这个值和输入一个新值没有什么不同。（不幸的是，修改 DateTime 类型的变量值可能会出现问题，因为你还要修改内部时钟。）对于引用类型，你可以重新将引用指向其它变量。假设你的监视窗口中有两个

Hash 表，一个叫 Foo，一个叫 Bar。将 foo 变量设为 bar 的引用 hash 表就像在 foo 的值字段中输入 bar 一样简单。当然，你只能把一个引用变量指向另一个同样类型或属于该类型重载类型的引用变量。

如上一条所说，使用这一功能时要多加小心，因为很有可能将程序引入正常执行时不会遇到的状态。

使用服务器浏览器执行 SQL 过程

服务器浏览器中的 SQL Server 树状视图可以用于查看和分析一个 SQL Server 实例。除了普通的查看数据表和在表格中修改行的方式修改数据之外，这里还有另外一些有用的功能。

VS.NET 有一定的编辑存储过程的能力。右键点击一个存储过程，选择"编辑存储过程"。不幸的是，这一功能与企业管理器相比的确弱了些，因为它给出的语法错误提示信息过于笼统，不过用来查看、编辑和修改存储过程还是够用了。

在设计时运行存储过程的功能会非常有用。右键点击一个存储过程，选择"运行存储过程"。VS.NET 会检查你的存储过程的参数表，必要时显示出运行存储过程的对话框，要求你输入参数值。现在就运行一个存储过程来看看结果吧。

使用即时窗口显示变量和执行方法

在调试时，监视窗口可以查看和修改变量值。除了监视窗口，用户还可以通过即时窗口查询变量值，甚至执行方法。

选择"调试→窗口→即时窗口"打开即时窗口，按 Ctrl-Alt-I 或输入 immed。你会看到窗口的标题栏上写有"命令窗口 – 即时"（如图 56）。

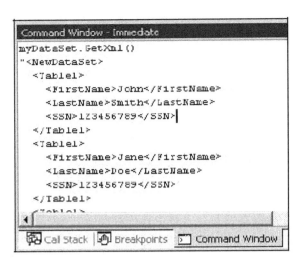

图 56 使用即时窗口执行方法

如果你在即时窗口中输入一个变量名，按回车，你就会看到值-类型变量的值，或者引用变量所有成员的名称与值列表。其中也包括你的类中所有私有成员。

然而即时窗口不只是另外一个监视窗口。你还可以在运行时计算表达式。比如输入：

dtMyTable.Rows.Count < 5

会返回一个布尔值，真假取决于你的数据表大小。此外，你还可以在对象实例上调用方法。因为 VS.NET 2002 和 2003 在调试时无法显示美观的数据表，许多开发者会在即时窗口中使用 DataSet 的 GetXml()方法来显示数据表内容。在 2002 中这一技巧很好用，但在 2003 中 XML 字符串内的换行是以\r\n 表示的，输出的结果看起来有些困难。

你可以随时用光标上下键来查看之前的查询与命令。从 2003 开始，即时窗口中也对智能提示提供了支持。

自定义调用堆栈

堆栈跟踪是 VS.NET 一步步执行你的程序时对当前的方法调用继承关系给出的直观显示。在调试程序时，你会经过一个又一个方法，包括方法的嵌套调用。堆栈跟踪会对这当中的每一层方法作出记录。选择"调试→窗口→调用堆栈"或按 Ctrl-Alt-C 就可以看到当前的堆栈跟踪状态。这里会将每个方法单独显示为一行，并带有行号和参数值。每一个新的方法调用被称为堆栈帧。

堆栈跟踪是广为人知的调试工具，已经在 Visual Studio 中存在了很久。堆栈跟踪窗口的优点在于你可以双击任意一行跳转到程序中该层调用方法的代码。于是你可以看到程序是如何执行到这一位置的，同时可以看到方法接受的参数值。

然而或许最不为人知的一点是调用堆栈窗口是可以自定义的。你可以右键点击调用堆栈看看（如图 57）。此外，你还可以按 Ctrl-C 将一个堆栈帧复制到剪贴板，并把这个方法的调用信息发送给工作伙伴。如果要把所有堆栈帧发送给工作伙伴，可以按 Ctrl-A（或在右键菜单中选择"全选"）之后复制到剪贴板。

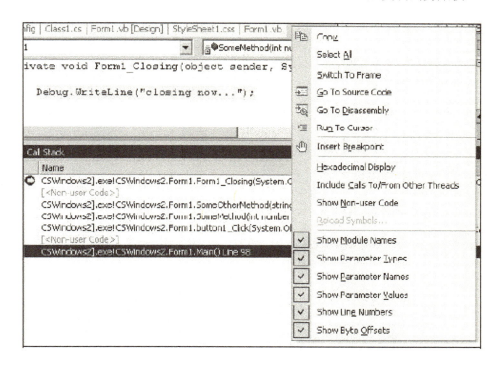

图 57 自定义调用堆栈窗口

将程序的命令行参数加入项目属性

在使用控制台程序时，你经常会为它传递命令行参数。像 DOS 一样的大多数基于 shell 的环境中，需要在程序名后加入以空格分隔的参数字符串。

当你在编译器中调试控制台程序时，你同样可以设置这些命令行参数。选择"项目→属性→配置文件属性→调试"（在 2005 中为 "项目→属性→调试"）。在启动选项下面，你可以设计命令行参数和工作目录。你不需要重新输入程序名，只需要一个以空格开始的参数字符串。

Windows 表单程序也可以接受命令行参数。非控制台程序可以使用 Environment.GetCommandLineArgs()方法来接受这些参数。

将 VS.NET 与一个运行中的进程连接

当你按下 F5 对程序开始调试时，VS.NET 会对项目进行生成（如果必要的话）并以调试模式启动程序。也就是说，只要项目位于 debug 版本的程序集中，VS.NET 就与运行的程序之间建立了连接，以便对断点等与调试相关的方法作出反应。

不过有些时候，你需要，或者想要对一个正在运行的 VS.NET 之外启动的进程进行调试。这是可以做到的，条件是一样的：只要该进程位于 debug 版本的程序集中。

首先打开该运行中的程序的项目，选择"工具→调试进程"列出所有正在运行的进程（如图 58）。选择你感兴趣的进程，点击"连接"。接下来屏幕上会提示你选择调试的程序类型。VS.NET 可以智能地为你预选一个，所以你通常不必修改什么。点击 OK，VS.NET 会尝试与该进程连接。你可以看到该进程会出现在调试过的进程列表最下方。

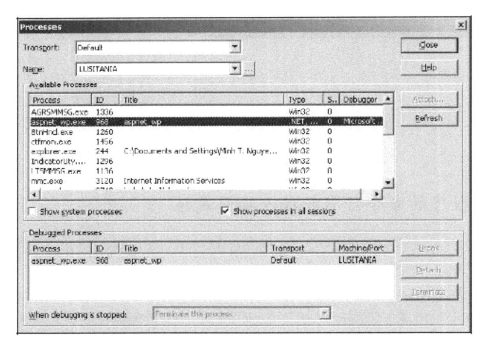

图 58 将 VS.NET 与 ASP.NET 工作进程连接

现在你大概注意到了，VS.NET 自动切换到了调试模式，并打开了监视与输出窗口。你正在对运行中的进程进行调试。也就是说，断点会生效，你可以查看变量值，可以做一切正常启动调试模式时可以做的事情。

你可能会觉得花一大堆步骤连接一个运行中的进程没什么用。不过这一技巧可以让你对 Windows 服务进程进行调试。编写 Windows 服务进程时，你无法按 F5 启动调试，因为它们必须先通过管理工具安装后启动才能运行。如果你在调试模式下生成并安装服务程序，就可以用这一技巧进行调试。

更棒的是你可以对 SQL 存储过程使用同样的方式调试。如果你安装了 SQL Server 调试组件，并且拥有必要的调试权利，就可以连接到 SQL Server 的进程，并在服务器浏览器中为存储进程设置断点来一步步执行。

对于 Web 程序，这一技巧会更有用，而且往往更加快捷。假设你在调试一个 Web 表单，按下了 F5。VS.NET 会与 ASP.NET 工作进程（在除了 Windows Server 2003 之外的 Windows 中都是 aspnet_wp.exe）连接，并浏览起始页面。如果你不需要调试起始页面，你需要进入下一页。如果你使用了表单验证，你需要登录。如果下一页里需要填写表单，你需要填写表单，然后才能到达你需要调试的代码。问题是每次开始调试时你都需要重复这一步骤。

比较简单的办法是在生成后连接 ASP.NET 进程。首先用外部浏览器打开有问题的页面，填好必要的表单，然后连接该进程开始调试工作。调试结束后，按停止按钮关闭调试模式，但不要关闭浏览器窗口。当你修改完代码，重新编译后，只需要再次连接调试器，刷新浏览器重新输送表单数据，而不必再次登录或重新填写表单。

这一技巧会使 web 程序的调试如此简单，我已经完全放弃了过时的 F5 方式。

调试解决方案内的多个项目

在一个多项目的解决方案中，VS.NET 通常只打开你设为启动项目的那一个，也就是解决方案浏览器中用粗体字显示的那一个。如果你在资源管理器中打开另一个项目，会发现 VS.NET 在新的项目中没有任何断点，因为这时 VS.NET 并没有对它们进行调试器连接。

你可以用上一条技巧，"将 VS.NET 与一个运行中的进程连接"来对这些项目进行调试。不过如果你右键点击该项目，选择"调试→运行新实例"，VS.NET 会打开该项目并与它连接。你可以多次重复这一步骤来打开多个程序实例，并同时进行调试。在调试多线程客户端-服务器程序时会很有帮助。

此外，你可以告诉 VS.NET 在启动新的调试进程时你希望运行哪些项目（如图59）。右键点击解决方案，选择"启动项目"。默认情况下 VS.NET 使用"单一启动项目"，只会启动一个项目。将该选项设为"多个启动项目"，并修改每个属性的值：无，启动，或非调试启动。你还可以用上移和下移按钮控制这些项目的顺序。在客户端-服务器程序中，你可以用这一方法来确保服务器端程序在客户端程序之前运行。

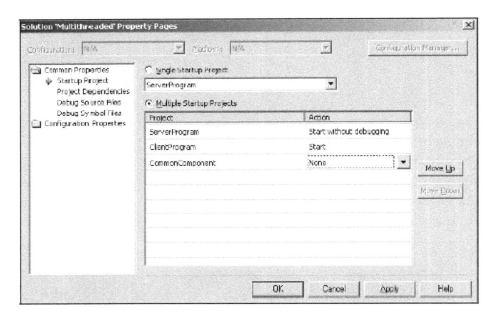

图 59 同时调试多个项目

只在特定类型的异常时中断

一个优秀的程序会在运行时处理所有可能出现的异常。不过开发者在调试复杂的程序时会觉得这样有些麻烦。因为所有异常都被处理掉了。在出现任何异常时，VS.NET 不会再进行处理，或者中断代码来对用户作出提示。

幸运的是，VS.NET 中有个选项可以让开发者指定他们关心的异常类型。选择"调试→异常"（在 2005 中为"调试→异常→中断或特定类型异常"），你会看到一个树状结构列出所有 VS.NET 可以监视到的异常（如图 60）。除了许多通用的运行时语言异常外，你还可以对 C++，本地运行时检查和 Win32 程序异常进行挂钩。本对话框的快捷键是 Ctrl-Alt-E。

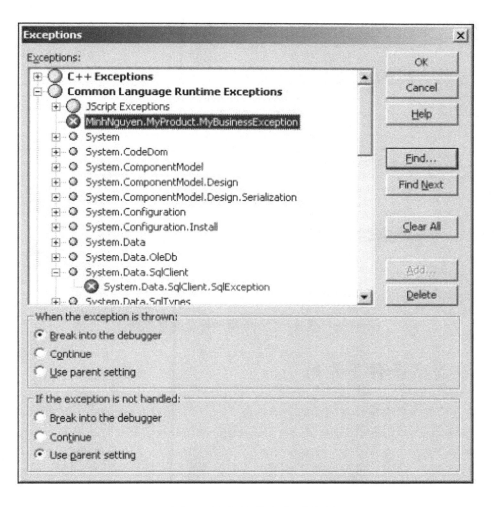

图 60 特定异常发生时中断

在这个列表中，你可以为每个异常设置何时中断调试器。当特定类型的异常抛出，或者某个异常未被处理时，你可以使用调试器进行挂钩。你还可以修改遇到特定异常时 VS.NET 执行的默认操作：中断调试器，继续调试（以正常的异常处理方式继续运行程序），或者使用该异常的父类设置（执行该异常的父类中定义的操作）。

除了预定义的.NET 异常，你还可以对自己的.NET 异常进行挂钩。在异常对话框中点击"添加"按钮，你可以指定定义自己的.NET 异常的完整字符串（比如"MyCompany.MyProduct.MyBusinessException"）。

在 2005 中，异常对话框变得更直观一些（如图 61）。两种情况（异常被抛出的情况和异常未被处理的情况）被分别列在两列中。一旦发生这些情况，将只能中断调试器，别无选择。

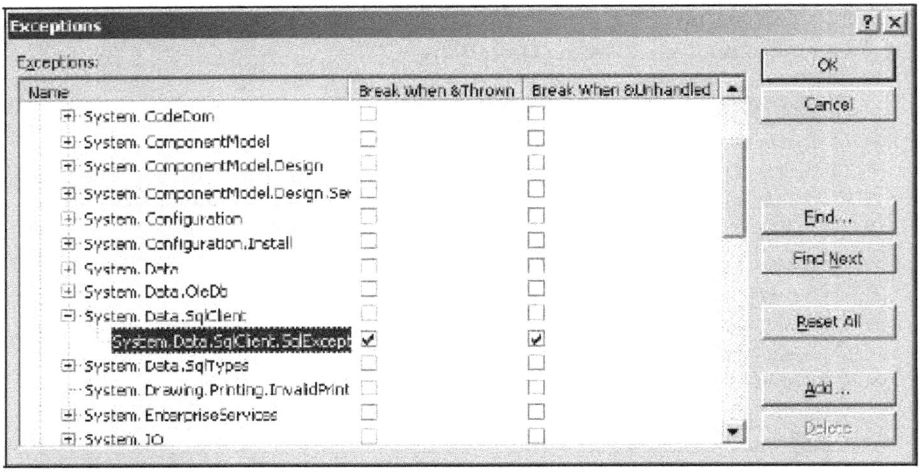

图 61 在 VS.NET 2005 中为特定异常中断

只在特定条件下中断

许多开发者会点击编辑器左侧的灰色垂直栏来添加或删除异常。点击时会添加或删除代表断点的红色圆圈。这样一来，许多开发者从来没有利用过为断点设置条件的强大功能。选择"调试→新断点"或按 Ctrl-B。在 2002 和 2003 中，你可以右键点击任意断点并选择"断点属性"来打开同一个窗口。有时你即使准确地在断点上点击了右键，也不会出现这一菜单项。那么我建议你把该断点删除，然后在原处新建一个断点来打开"新建断点"的窗口。

断点窗口底部有两个按钮。在这里你可以设置在何种条件下启用断点。首先输入一个.NET 表达式，可以是变量名，如 MyBoolVariable，也可以是复杂一点的表达式，如((System.DateTime.Now.Second % 10) == 0)。你可以设置当该表达式为真，或者该表达式的值发生变化时中断调试器。当然，如果选择第一种，设置的表达式必须是布尔值。如果选择第二种，你可以使用任何表达式。当且仅当该表达式的运行时取值与上一次程序到达该位置时的值不同时，VS.NET 会中断调试器（也就是说，程序运行必须至少经过这段程序一次才能检测出值的变化）。

由于可以灵活设置各种表达式，这一功能可以发挥巨大的作用。比如说，你可以对一个 DataSet 的快照进行监视，仅当其 DataTable 的行数大于 0 时启动调试。

在 2005 中,使用方法与上述方法不太一样。首先正常设置一个断点,然后右键
点击断点,选择"条件"来打开同一个窗口(如图 62)。

图 62 在 VS.NET 2005 中设置断点条件

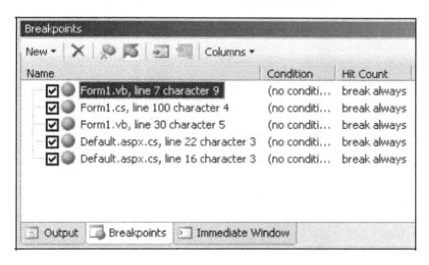

图 63 VS.NET 2005 中的断点窗口

你还可以在 VS.NET 2005 的断点窗口中查看和修改这些条件。选择"调试→窗
口→断点"或按 Ctrl-Alt-B 可以打开断点窗口。你可以看到目前设置的所有断点
列表以及相应的条件。你也可以在这里使用选择框禁用断点,或者双击一个断
点跳转到相应的代码位置。

使用 Trace.axd 来调试 ASP.NET Web 程序

自从 VS.NET 允许你对实际的 ASP.NET 代码进行调试以来，对 Web 程序进行跟踪调试已经变得非常简单了。要在代码中写下许多 Response.Write("here")的传统 ASP 时代已经一去不复返了。不过即使没有 VS.NET，ASP.NET 也有一个非常强大的跟踪调试器：trace.axd，HTTP 处理器。

要使用这一工具，打开 Web.config，修改 configuration/system.web/trace mode。将 Enabled 属性设置为 True，就可以为你的程序打开一个 HTTP 处理器，监听虚拟文件 trace.axd（http://localhost/当前虚拟目录/trace.axd）。

该地址会输出最近的 HTTP 请求列表，包括处理这些请求的文件和相应的时间。如果你选择查看某一条请求的详细情况，它会给出大量与网络相关的信息，包括 HTTP 头部信息的收集，所有服务器变量，cookie 和 session 状态，程序的执行流程，还有控件树与相应的视图状态和大小等信息（如图 64）。你能在这个页面上找到的信息都是与当次请求相关的有用信息。你可以很快找到哪个控件占用了最多的视图状态或最多的 HTML 代码。你还可以使用 System.Web.TraceContext 类来向这一列表发送信息。这个类可以通过网页或控件连接本跟踪调试页，注意与 System.Diagnostics.Trace 类的区分。

图 64 Trace.axd 显示出有用的调试信息

TraceContext 类中有一个 Write()方法和 Warn()方法。两个方法都可以向跟踪页发送字符串和相应的时间信息。两个方法都提供了重载后的方法供你分类使用，不过都只是在跟踪页的单独一栏中显示字符串，而 Warn()发送的字符串显示为红色。

注意："首次发送以来"一栏表示第一个跟踪信息发送以来到现在的时间，单位为秒，也就是初始化开始以来的时间。而"末次发送以来"一栏表示上一个跟踪信息发送以来到现在的时间，单位为秒。这个时间是与上一行相关的时间差，因此本行的"首次发送"应该等于上一行的"首次发送"加上本行的"末次发送"。

Web.config 中的跟踪节点中还可以定义一次跟踪的最大请求数量。requestLimit

属性中指定的数字表示跟踪应在多少个请求发出后停止。不幸的是这里没有设计滚动窗口，为了继续记录，之前的跟踪信息会被新的信息覆盖掉。

localOnly 属性很重要。多数时候你应该把它设置为 True。这样一来只有本机用户可以看到该页面。如果有人想通过 localhost 以外的网址打开该页面，会得到错误信息。这样就可以保证可以看到这些跟踪信息的只有本地的开发者，而不包括未知的互联网用户。

最后，pageOutput 属性指定你是否要将跟踪信息输出到 trace.axd 之外的实际页面中。一般情况下我不推荐打开这个选项，因为它通常与 HTML 实际页面内容交互不太顺利。

保存所有的输出窗口

输出窗口（Ctrl-Alt-O）中显示出你的程序运行时生成的许多跟踪信息。它记录了每次.NET Framework 在何时为你的程序载入了一个 dll 文件，以及你使用 System.Debug.WriteLine 发送的所有信息。如果你想把这些记录保存下来，你可以使用复制粘贴然后存为记事本文件。不过输出窗口与主编辑窗口有类似的特性，你不必打开记事本。你只要在其中按一下 Ctrl-S 就可以把输出内容保存为一个文件。你可以在输出窗口中按 Ctrl-F 进行查找，也可以使用我在第一章收录的所有编辑器技巧，包括 Ctrl-C 复制一整行，以及 Ctrl-R, Ctrl-R 来切换词内换行（虽然 VS.NET 2005 为输出窗口的词内换行单独设计了一个按钮）。

第四章 使用 VS.NET 2005

VS.NET 2005 在 2002 和 2003 的基础上作出了巨大的改进。微软把这款强大的工具推上了新的层次。与 2002 和 2003 之间的改动相比，2005 对 2003 的改动不得不单独使用一章来描述。本章集中收录了之前的版本中没有的提示与技巧。并不是说之前三章的内容在 2005 中无效。绝大多数技巧在 2005 中可以继续使用，或者被进一步加强（除了个别注明的部分）。

本章没有对.NET Framework 2.0，以及新的类和语法花费笔墨。当然，2005 与.NET 2.0 关系密切，我可能会给出 2.0 专用的代码，但只是用来描述编译器新功能而已。如果我在这一章中单独提到 VS.NET，就是指 VS.NET 2005。

这本书是在 VS.NET 2005 Beta 1 的基础上编写的。VS.NET 2005 最终版本可能会与我在本意的描述有所不同。

重构代码

VS.NET 2005 中最受关注的新功能应该是重构代码。重构代码可以在不改变逻辑结构的前提下重新整理代码，使代码变得更整洁。其中包括符号重命名，将代码段复制到一个方法中，等等。你可以在 VS.NET 中执行多种重构操作。右键点击一段选区，选择"重构"。屏幕上会显示出多种可供选择的重构方式（如图 65）。

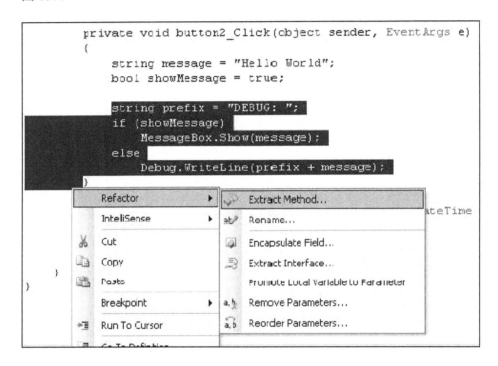

图 65 从选区中提取方法

提取方法（Ctrl-Alt-M, M）是指建立一个新方法，然后将选区代码移入该方法中，同时在原位置生成对该方法的调用（如图 66）。这一功能不只是单纯地移动代码。VS.NET 会对该段代码进行检查，寻找未定义的变量，然后转化为方法的参数。

```
private void button2_Click(object sender, EventArgs e)
{
    string message = "Hello World";
    bool showMessage = true;

    NewMethodName(message, showMessage);
}
private static void NewMethodName(string message, bool showMessage)
{
    string prefix = "DEBUG: ";
    if (showMessage)
        MessageBox.Show(message);
    else
        Debug.WriteLine(prefix + message);
}
```

图 66 提取后生成的带参数的新方法

重命名(Ctrl-Alt-M, R)可以为任意符号修改名称（变量，常量，枚举值等等）并在整个解决方案中自动执行查找替换将所有使用该符号的地方修改为新名称。以前，开发者在这种情况下只能手动进行全局查找替换，但往往会将字符串或其它变量名中包含的该名称也一同替换掉。2005 中的重命名操作可以将字符串、注释等部分排除在外，从而只修改真正的变量名。

字段封装(Ctrl-Alt-M, E)可以将一个私有字段转化为带有 Get 和 Set 函数的属性，并将解决方案中所有对该字段的引用自动修改为对新属性的引用。

提取接口(Ctrl-Alt-M, I)可以将当前类中所有的属性和方法列出供你选择，然后将选中的项目导出到单独的文件，为你的解决方案生成一个接口。这个自动生成的接口中同样包含属性的 Get 和 Set 方法和各方法的签名。根据.NET 接口命名规则，该接口会以类的名称前面加上 I 命名。

最后，无需多加解释的将本地变量转为参数(Ctrl-Alt-M, P)，删除参数(Ctrl-Alt-M, V)和重设参数顺序(Ctrl-Alt-M, O)都是编写方法时强大的选项，随时在方法名上点击右键就可以使用。

生成方法存根

VS.NET 具有通过方法调用语句生成方法存根的功能。开发代码过程中，有时你会发现在实际编写了方法本身之前先对其进行了调用。这种情况下你可以右键点击方法调用，选择"生成方法存根"（如图 67）或者使用新的智能标签。

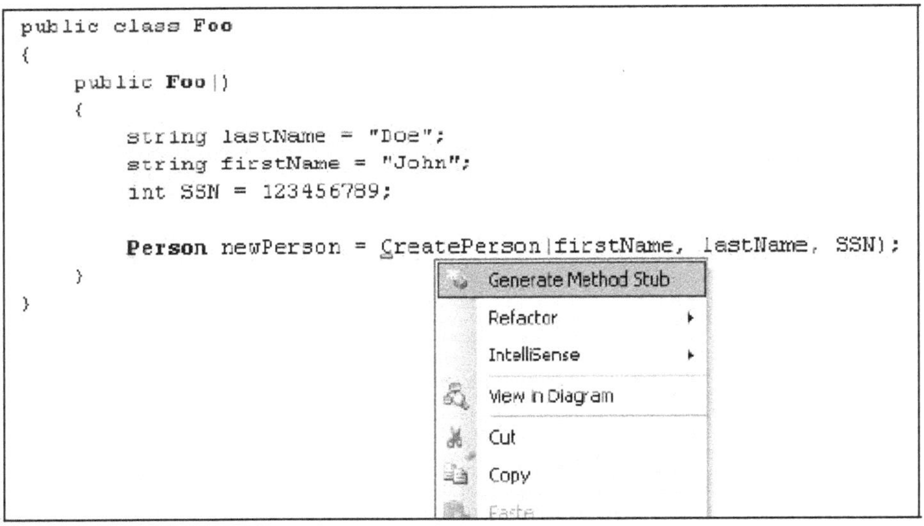

```
public class Foo
{
    public Foo()
    {
        string lastName = "Doe";
        string firstName = "John";
        int SSN = 123456789;

        Person newPerson = CreatePerson(firstName, lastName, SSN);
    }
}
```

Generate Method Stub
Refactor ▶
IntelliSense ▶
View in Diagram
Cut
Copy
Paste

图 67 通过方法调用语句生成方法存根

VS.NET 会为该方法生成具有同样名称的外壳（如图 68）。其中的参数类型与调用时传入的参数类型完全一致，而且名称也完全一致（条件是调用时使用了变量传入参数，而不是实际值）。

```
public class Foo
{
    public Foo()
    {
        string lastName = "Doe";
        string firstName = "John";
        int SSN = 123456789;

        Person newPerson = CreatePerson(firstName, lastName, SSN);
    }

    private Person CreatePerson(string firstName, string lastName, int SSN)
    {
        throw new NotImplementedException();
    }
}
```

图 68 具有同样签名的新生成方法

在方法体内部，VS.NET 插入了一个 NotImplementedException 异常，以免开发者在生成程序之前忘记编写方法的具体内容。

使用错误更正建议

你应该见过文字处理软件中的拼写检查器，它可以在你右键点击一个写错的词时列出一些可能的改正选择。VS.NET 也有同样的改错功能。假设你引用 Timer 类时忘记在文件顶部导入命名空间，那么 Timer 这个词下方会显示出蓝色的波浪线，告诉你 VS.NET 找不到 Timer 类。

在波浪线的末尾有一条红色的短线，鼠标放上去时会出现智能标签给出所有可能的 Timer 类，包括 System.Timers.Timer，System.Threading.Timer，System.Windows.Forms.Timer，或者我自己定义的 MinhNguyen.Timer（如图 69）。当你作出选择之后，VS.NET 会将无法识别的 Timer 替换为完整的类名。VB.NET 还提供了语法建议，比如在 Try-Catch 语句中忘记输入 End Try。

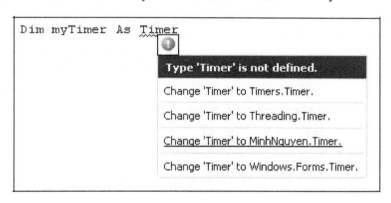

图 69 VS.NET 提供解释类名的多种方法

在 C#中，你可以使用点击该单词时左侧出现的智能标签，或者右键点击该单词弹出的菜单中选择"解释"。可供选择的改正方式会以子菜单的形式出现。你可以选择添加相应的定义语句，或者直接使用完整的类名。

这里的建议不限于.NET Framework 中的类，也会包含用户定义的类。

使用预定义的代码段

代码段是开发者可以选择插入而不必手工输入的预定义文字模板。比如说，你需要一个 Foreach 循环时，你不必输入全部代码，只需要输入一次 foreach。智能提示会给出带有代码段图标的 foreach 选项（如图 70）。选择后按 Tab，VS.NET 就会插入预定义的 foreach 代码段。

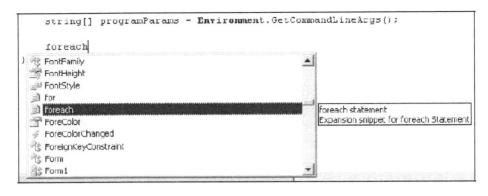

图 70 智能提示中的代码段标记（文件碎片图标）

除了展开一个预定义的代码段之外，VS.NET 还会用黄色高亮显示所有的占位符，使用时可以修改成自己需要的名称。按 Tab 键可以在各占位符之间跳转。在我们的 foreach 例子中，有三个地方需要修改：对象类型，对象名称，和需要循环的集合。VS.NET 2005 会给出一个高度个性化的智能提示，只列出能够符合该占位符位置规则的项目（如图 71）。在例子中的循环集占位符内，只能够放置符合 IEnumberable 接口的项目。

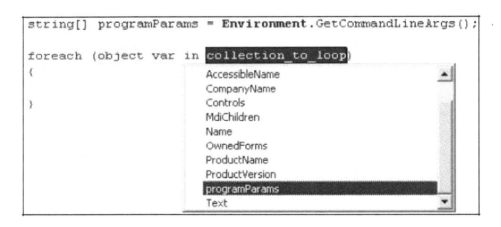

图 71 Foreach 代码段展开效果

你还可以右键点击编辑器任意位置，选择"智能提示→插入扩展（在 VB.NET 中为插入代码段）"直接插入一个代码段。这样只会在智能提示中列出可用的代码段。VB.NET 中预定义的代码段比 C#丰富得多，包括许多最实用的代码，如数据库访问，图像加密，数学函数和 IO 操作，等等，等等。此外，VB.NET 的代码段整齐地使用逻辑文件夹分了类。

在上一个例子中，我们使用了在 foreach 这个单词下面展开了 Foreach 的整个代码段。C#中另一个插入代码段的方式是用于一段选区的周围。选中一段文字，右键点击，选择"智能提示→环绕"。这里会列出所有 SurroundsWith 类型的代码段，通常是定义了主体代码区域的类型。举例来说，如果你选择 foreach，选中的文字会被加入一个 foreach 循环的主体之中。

我在之前提到过，VS.NET 2005 中提供了许多预定义的代码段供你使用。你可以选择"工具→代码段管理器"，或者按 Ctrl-K, Ctrl-B 来查看所有代码段的列表，以及它们对应的快捷键。

代码段管理器中包含了为每一种.NET 语言定义的所有代码段，以及相应的快捷键（图 72）。注意，如果你对 VS.NET 使用的代码段 XML 格式很熟悉的话，你也可以自己定义代码段。

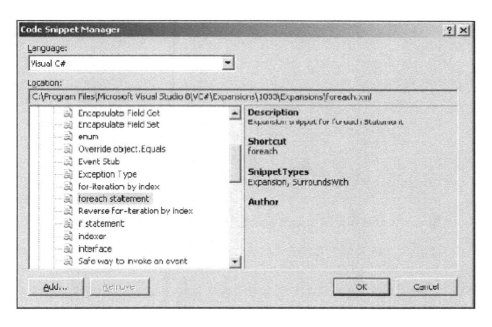

图 72 使用代码段管理器

在 VB.NET 中自定义代码段更加容易。选中一段代码，点击右键，选择"代码段"。这段代码会被放入代码段编辑器。你可以在其中进行编辑和修改，可以选中其中一段点击右键，选择"创建替换"将其定义为上面所说的占位符并命名。你还可以设置代码段的名称，快捷键，说明文字和所需的引用等等。

自动对齐界面元素

在 Windows 表单中给界面元素定位时，你会发现在移动元素或改变元素大小时表单上出现的各种彩色线条（如图 73）。它的作用是让你将界面元素水平或垂直对齐。蓝色实线表示各元素已经对齐。绿色虚线表示移动某元素或改变其大小时与其它元素之间的默认距离。这有助于使你的每个界面元素之间的距离保持一致。红色实线表示当前元素中的文本与附近的一个元素或其中的文本实现了对齐。

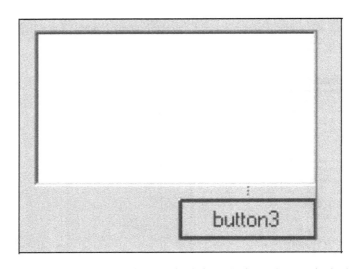

图 73 用于对齐界面元素的彩色线条（蓝色实线和绿色虚线）

如果你不想用这些线条来对齐元素，按 Alt 就可以暂时关闭自动对齐。你还可以切换回 2002 和 2003 使用的网格对齐模式。选择"工具→选项→Windows 表单设计器→一般选项"，将布局模式改为"网格对齐"。注意这样一来你需要重新打开设计器才能使用新的布局模式。在网格对齐模式中，你可以按 Ctrl 键来取消元素的网格对齐。

添加标准菜单条

标准 Windows 程序经常使用通用的顶级菜单项目。大多数时候其中包括文件，编辑，工具和帮助。VS.NET 2005 中可以为你的 Windows 表单程序直接加入默认的菜单条。

将一个菜单条拖到你的 Windows 表单中。选中菜单条时，属性窗口下方的说明

面板中会显示一个"插入标准菜单项"的链接（如图74）。点击这个链接，VS.NET
会在菜单条中插入上述的标准菜单项，当然其中也包括标准的子菜单项目。比
如说，文件菜单中会包括新建，打开，保存，另存为，打印，打印预览和退出，
同时带有默认的快捷键、热键和图标。

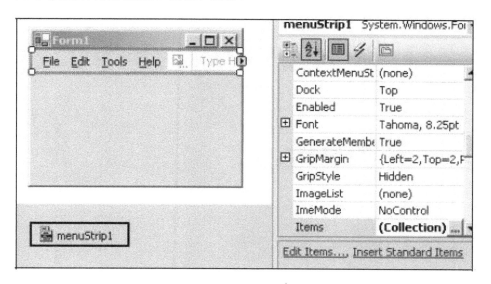

图 74 自动插入的标准菜单项

使用属性编辑视图编辑界面元素属性

在你第一次建立 Windows 表单程序时，你可能会直接将按钮，文本框等元素直
接拖进表单。这样一来，所有元素都被以默认名称命名，如 Button1, Button2,
TextBox1，等等。要修改这些默认名称，你只能一个一个地选择它们，然后修
改其名称或文字属性。如果是在一个许多元素构成的复杂程序中，这些操作会
花上不少时间。

VS.NET 2005 提供了一个更快捷的方式。右键点击表单，选择"编辑视图"，或
者按下布局工具栏中的属性编辑视图按钮（如图 75）。你的表单设计器会切换到
快速编辑模式，于是你可以迅速地为所有控件更改属性。

图 75 布局工具栏右侧的属性编辑视图

在新的快速编辑模式选项卡上的下拉列表中选择一个属性来进行修改。无论你选择哪一个，表单设计器都会在每个控件上以一个可编辑的文本框显示出该控件相对应的属性值。当你编辑了其中一个文本框时，它下面的控件属性会得到修改，同时下一个控件文本框会得到焦点（如图 76）。

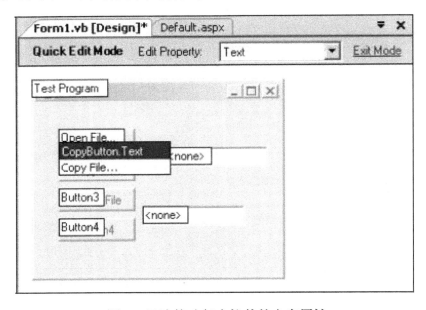

图 76 迅速修改每个控件的文字属性

你可以使用这种方法快捷而轻松地修改所有控件的公用属性，因为你不必逐个用鼠标去点击控件。只要输入新值，按回车，不断重复下去，实在再简单不过了。

精确控制 C#代码格式

开发者们对 C#代码格式标准都有不同的喜欢。所谓的"格式标准"，我是指那些诸如空格，缩进，新行，换行等等小规则。在我看来，每个开发者都有自己的习惯标准。在 VB.NET 中，这不是什么问题，因为默认情况下 VB.NET 在你每输入新的一行时都会自动按照 VB.NET 标准进行格式化。而在 C#中，同样的代码可以有许多种写法。

在 VS.NET 2005 中，你可以精确地控制 C#代码格式化方式。选择"工具→选项→文本编辑器→C#→格式"，会显示出许多可以用来决定 C#代码格式化方式的设置选项，包括缩进，新行，空格和换行。似乎找不到你无法定义的项目。这里绝大多数选项的含义都很直观，不过为了能让你进行确认，旁边的预览窗口中会使用一段 C#示例代码来对你作出的选项给出相应的变化。

设置控件的 Tab 顺序

Tab 顺序是指你在按下 Tab 键时由哪个控件获得下一个焦点。你可以为每个控件
的 Tab 索引属性设置一个数字来指示这个顺序。有时执行这一操作不太容易，
因为如果你不选中其它控件，你不知道，也看不到它们的 tab 序数。VS.NET 2005
在布局工具栏里设置了新方法：Tab 顺序按钮。

图 77 布局工具栏左侧的 Tab 顺序按钮

点击 Tab 顺序按钮会显示出表单中所有界面元素的 tab 顺序。这一模式的优点是
你不但可以看到 tab 序数，还可以依次按每一个界面元素来设置其 tab 顺序。你
选择的第一个元素的索引将被设为 0，第二个被设为 1，以此类推。在你为控件
设置索引时，tab 索引标签会由蓝色变为白色，所以你可以记住哪些控件已经定
义过。为了避免选错界面元素，鼠标滑过时控件周围会显示出灰色方框以便识
别。

Tab 索引设置结束后，再次点击 Tab 顺序按钮或者按 Esc。不幸的是，本 Tab 顺
序功能只能用于 Windows 表单，不能用于 web 表单。

执行类，实例和方法搜索

在一个拥有多个项目的解决方案中，要找到一个类、实例或方法往往比较困难。
如果你知道该类、实例或方法的名称，但不知道它的位置，就可以使用全局查
找功能。

在类视图中使用这一新功能更加方便。打开类视图（点击解决方案浏览器旁边
的选项卡，或者按 Ctrl-Shift-C）就可以看到上方的查找框。你不必输入完整的
名称，部分关键字就可以进行查找。类视图会对其中的项目进行过滤，只显示
符合你的关键字的项目。

查看代码定义

代码定义视图是 VS.NET 2005 中新加入的功能，在你将鼠标移过一个类型时可以查看类的定义代码。选择"查看→其它窗口→代码定义视图"或者按 Ctrl-Shift-D 就可以打开该窗口。默认情况下，它会在主编辑窗口下方显示为另一窗口。当你把鼠标移过或移入一个定义类的单词时（如图 78），代码定义视图中会显示它的属性，方法，索引，其它成员等等所有信息，并且都带有完整的 XML 注释（如果其中有的话）。这个工具与 VS.NET 最初版本中的 WinCV 输出窗口相类似。

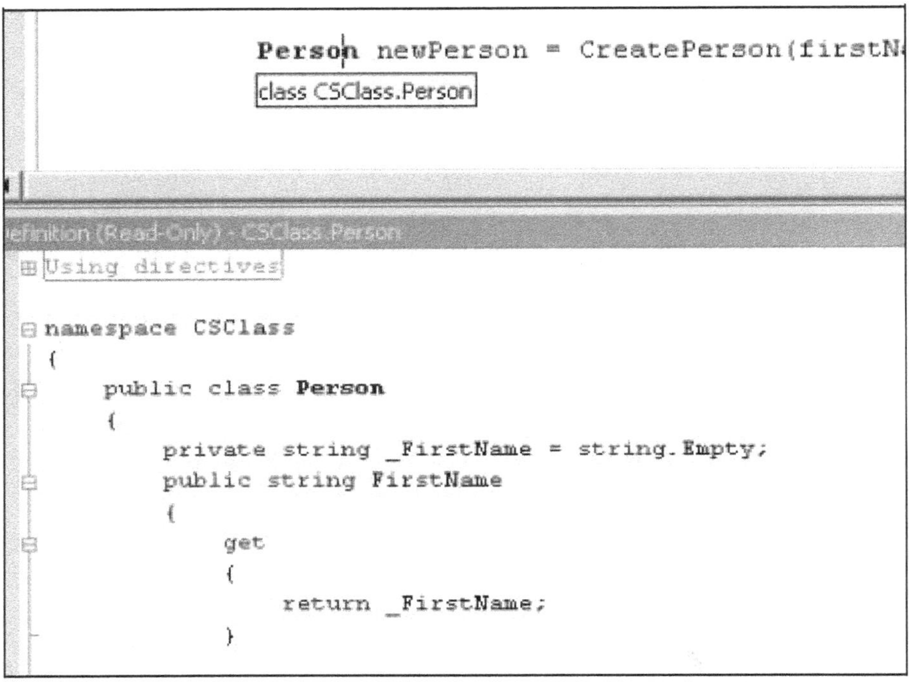

图 78 显示类信息的代码定义视图

代码定义视力对用户定义的类也同样有效。事实上，如果这个类是你的解决方案中的一员，它会显示出实际的源代码，而不只是从反射中得到的信息。

在 HTML 视图中编辑 Web 控件

在 VS.NET 2002 和 2003 中，你只能在设计视图中修改 web 控件。这种方式使用起来不太令人满意，因为我们常需要进行额外的美化工作，而且 HTML 代码也经常会被自动转化为错误的格式。这一点在 2005 中得到了巨大的改进。第一，只要你没有主动提出要求，HTML 代码不会被自动格式化。第二，你在设计视图中能做的事，在 HTML 视图中也同样可以做。

举例来说，你可以将控件从工具箱中直接拖入 HTML 编辑器。VS.NET 会为你插入必要的 HTML 代码或者 ASP.NET 标签。当光标位于一个控件内部时，你就可以在属性窗口中修改该控件的属性。所有更改都会立即显示在对应的 HTML 属性中。把一个属性设置为空则会把对应的 HTML 属性或 ASP.NET 标签删除。

验证 HTML 代码的可访问性

设计企业级 web 程序时，总是要考虑到身体存在障碍的用户。在编写便于身体障碍用户使用特殊工具访问的代码时，有一系列很容易理解的规则可以遵循。比如说，所有图像标签中都应该定义 alt 属性。有视觉障碍的用户可以使用某些工具以语音方式读出该属性中定义的文字。有许多网站可以对你的程序进行这方面的检测，但现在 VS.NET 已经集成了这一功能。

在 HTML 视图中，点击可访问性按钮（如图 79）或者选择"工具➔检查可访问性"。你也可以在解决方案浏览器中右键点击页面，选择"检查可访问性"。

图 79 可访问性按钮

在可访问性验证对话框中，你可以选择使用哪些规则来检查你的 HTML 代码（如图 80）。WCAG 代表网页内容可访问性规则（详细内容可以参照 http://www.w3.org/WAI/GL/）。规则中的每一条，或者说每一个"要点"，都设有优先级。1 级优先级的要点是最重要的。如果你的代码中存在违反 1 级要点的地方，网络用户可能无法使用他们的工具访问你的网页。2 级优先级的规则是强烈推荐的，但不满足这些规则也不会影响你的网站使用。3 级的规则只是推荐，而不是必须的。

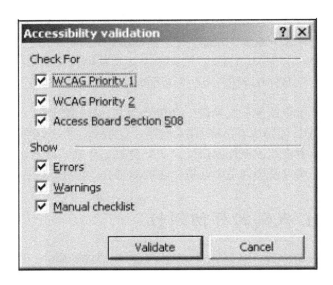

图 80 检查 HTML 的可访问性

网站访问 508 条款是指美国联邦国会 1998 年作出的对《康复法案》的修正案，要求联邦政府机构在设计网站时必须考虑到身体障碍人士（详见 www.section508.gov）。WCAG 与 508 条款的规则非常相似，并有许多重叠。如果你要为政府机构设计网站，一定要选中 508 条款的检查选项。

点击验证按钮，VS.NET 就会对你的 HTML 代码进行验证，并在任务列表中显示出所有错误与警告。如果你从来没有用这些标准验证过你的网页，要作好心理准备，下面可能会列出长长的改正建议列表。

使用不同的.NET 语言工作

在 VS.NET 2002 和 2003 中，你无法使用多种语言来编辑 ASP.NET 网站，必须全部使用 C#或 VB.NET，或者任何一种支持 ASP.NET 的.NET 语言。不过在 2005 中已经不是这样了。右键点击你的网站项目，选择"添加新项目"，你会发现添加新项目对话框中会提示你选择新文件使用的语言。你甚至可以用一种语言编写内容页面，而用另一种语言编写其驱动页面（如图 81）。

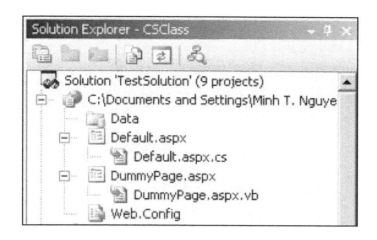

图 81 使用不同.NET 语言的网站

一个独立的程序员不太可能在同一个网站中使用多种语言，但它至少可以让你将另一个项目直接导入当前项目，而不必担心语言差异。

通过 FTP 打开 web 项目

不知道你是否注意到，VS.NET 2005 中打开一个 web 项目不再需要项目文件或解决方案文件。因此现在有许多方法可以打开一个网站。选择"文件→打开→网站"，你会发现其中列出了多种选择。

你可以通过文件系统访问（指向一个文件夹），通过 IIS（指向一个虚拟目录），或者通过 FTP。在连接 FTP 时，VS.NET 会首先下载网站内容包括的文件与目录名称列表。当你打开其中一个文件时，VS.NET 才会下载该文件并存放在一个临时目录中，然后将它从那个位置打开（如图 82）。保存文件时，该文件将被上传至服务器，所有更改将会立即生效。

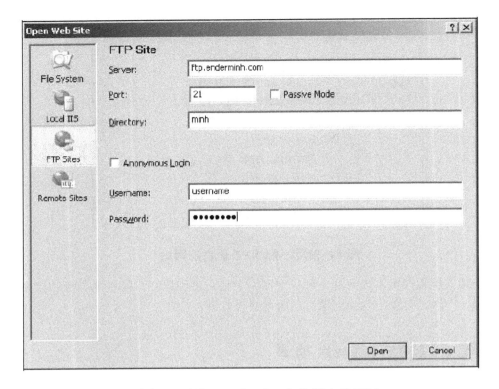

图 82 通过 FTP 打开一个使用中的网站

当然，这个功能无法用于真正的企业级网站开发，不过对于简单的个人网站，用起来就非常便捷容易了。注意，你不需要为了修改几个网页而动用第三方 FTP 软件。

导入和导出编译器设置

VS.NET 是一个非常强大的工具。在它的编译器中有许多可供自定义的选项用来满足你的各种要求。问题是，如果你习惯于自己机器上的自定义设置，一旦换了台机器，你会觉得很麻烦，因为自定义的设置无法一起带走。

在 VS.NET 2005 中，你可以将编译器的设置导出为 XML 文件（实际使用的扩展名是.vssettings）从而导入另一个 VS.NET 实例或者另一台机器中使用。选择"工具→导入→导出设置"。在导入/导出设置对话框中显示的树状视图中会列出所有可以导出的自定义选项（如图 83）。选中你使用的项目，然后将它们导出到.vssettings 文件。

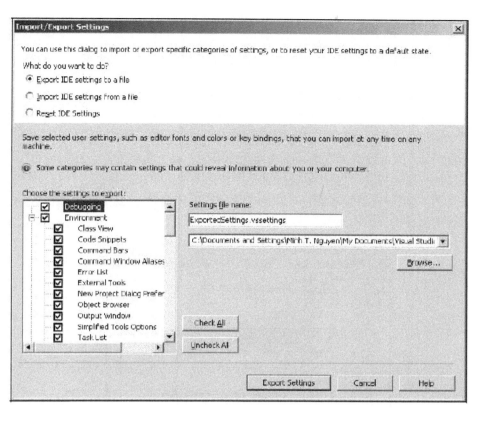

图 83 导出或导入编译器设置

在将.vssettings 文件导入另一个 VS.NET 编译器时，你可以选择导入和忽略哪些设置。

在同一个对话框中，你也可以将编译器的设置恢复为某个特定设置，比如说你之前保存的自定义配置文件，或者恢复到安装时的默认设置（当然也只是另一个普通的.vssettings 文件）。

读到这里，你或许考虑在你的开发团队中指定一个专门人员来管理.vssettings 文件，负责将它用邮件发送给团队里的每一个人分别使用。不过这一功能也被集成在了 VS.NET 中。生成.vssettings 文件后放置在一个大家都知道的共享文件夹中，然后要求每个开发人员选择"工具→选项→环境→导入→导出设置→团队设置"，把跟踪团队设置文件的选项打开，然后指向该共享文件夹中的.vsssetings 文件。他们下一次启动编译器时，编译器就会自动检测该设置文件并将其导入。这一功能的优点在于另一个可靠的团队领导者可以生成新的.vssettings 文件并将其覆盖，这样所有人都可以立即接收到新的设置并在下一次启动时导入。

关闭其它窗口

在开发程序时往往会打开一大堆文件。工作一段时间后，你可能已经打开了几十个文件窗口，希望把它们都关掉，只保留当前正在开发的一个文件。在之前版本的 VS.NET 中，你只能选择"窗口→关闭所有文档"，然后重新打开你要开发的文件。

在 2005 中，你可以右键点击一个文件选项卡，选择"关闭除此之外的窗口"，就可以执行这种操作（如图 84）。2005 中新加入的菜单项还包括"打开所在文件夹"，可以调用资源管理器打开你的文件所在的文件夹；"复制完整路径"，可以将选中文件的完整路径复制到剪贴板上。

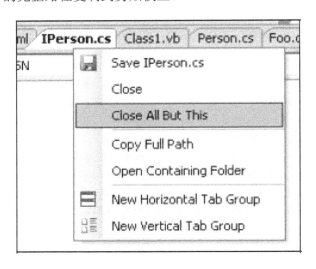

图 84 关闭除当前文件之外的所有窗口

显示所有按钮的快捷方式

我非常支持使用和记忆所有可用的快捷方式。使用键盘快捷方式要比使用鼠标点来点去要快捷得多。许多 VS.NET 菜单和子菜单项都有对应的快捷方式，在你点击一个菜单项时，你就会看到它的提示。所以下一次你或许就不会再用菜单了。

工具栏按钮也有相应的提示。选择"工具→自定义"，选中"显示工具栏上的屏幕提示"和"在屏幕提示中显示快捷键"两个选项。现在你把鼠标移过一个按钮时，片刻之后显示出的提示中也会带有该按钮的快捷方式，如果有的话。

生成选定项目的子集

VS.NET 2005 的生成菜单下有数种可供选择的操作。除了正常的生成与再生成操作，以及新增的发布（用于 ClickOnce 技术）与清除操作，你还可以选择只生成解决方案中所有项目的一个子集。

通常在执行生成时 VS.NET 可以智能判断哪些项目作过改动。不过有时你或许需要强行再生成另外几个项目。在 VS.NET 2005 之前，你只能使用"全部再生成"，如果解决方案中项目很多，可能需要不少时间。现在你可以选中几个项目（按住 Ctrl 分别选择，或者按住 Shift 连续选择，与在资源管理器中的方式相同），然后再打开生成菜单，其中用于单个项目的操作已经换成了可应用于多个项目的操作：生成选中的项目，再生成选中的项目，清除选区，发布选中的项目（如图 85）。

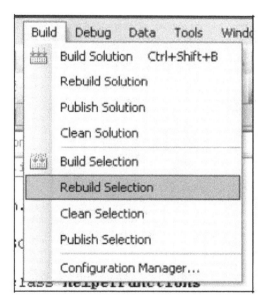

图 85 选中多个项目后的生成菜单

在 VB.NET 中使用编辑并继续

开发者对 VS.NET 2002 和 2003 最大的抱怨就是不能在 VB.NET 中使用编辑并继续功能。可能有些人不知道，Visual Basic 6（在 VS.NET 之前 VB 开发者的主要编译器）可以让开发者在运行调试过程中修改代码，而 VB6 会立即接受代码改动并继续执行，无需重新启动调试。这一有用功能使开发者可以在同一个调试进程中修改和测试代码。虽然该功能在 2002 和 2003 中消失了，到了 2005，它又被重新加入进来。在程序运行到一个断点时对代码作出一点修改，你会发现 VS.NET 可以立刻开始使用新的代码。

注意： *本功能不适用于C#。*

在调试时展开变量成员

之前版本的 VS.NET 中，你可以在调试时将鼠标放在一个变量名上来获得该变量的字符串形式。虽然这一功能很有用，但如果你在自定义类中没有重载 ToString()方法，就无法使用。VS.NET 2005 对这一功能作出了改进，你可以展开你的变量信息，并访问变量的内部字段。当你把鼠标放在一个任意类型的类的实例上时，你可以点击出现的加号来查看实例的内部字段，甚至可以展开内部的成员变量。

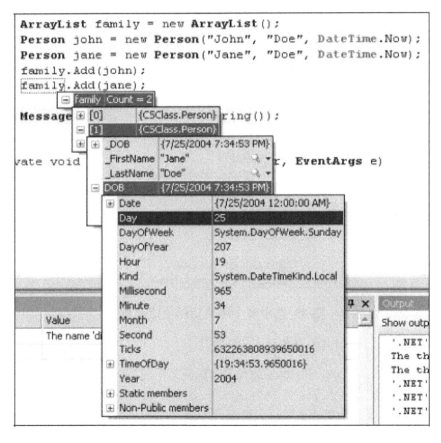

图 86 展开变量的字段成员

使用数据可视化

除了在调试时移动鼠标展开对象，VS.NET 2005 还提供了用于无法以字符串形式表示的普通变量类型的数据可视化窗口。比如说，把鼠标指向一个 DataSet 或者 DataTable 会看到变量右侧出现一个小小的放大镜图标。点击上面的下拉菜单就可以看到另一种可视化选项（如图 87）。对于 DataSet 和 DataTable，数据会显示为表格形式（如图 88）。当然这比 2002 和 2003 中那样一行一列地进行调试要容易得多。

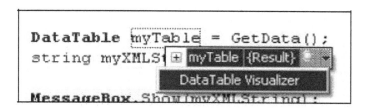

图 87 拉下放大镜来选择可视化选项

CustomerID	CompanyName	ContactName
ALFKI	Alfreds Futterkiste	Maria Anders
ANATR	Ana Trujillo	Ana Trujillo
ANTON	Antonio Moreno	Antonio Moreno
AROUT	Around the Horn	Thomas Hardy
BERGS	Berglunds	Christina Berglund
BLAUS	Blauer See	Hanna Moos
BLONP	Blondel père et fils	Frédérique Citeaux

图 88 DataSet 和 DataTable 的数据可视化形式

此外还有一些内建的可视化形式。当你把鼠标指向一个字符串时，你可以在三种可视化形式中选择一个。文本可视化形式会单纯显示出词内换行的长字符串。XML 可视化形式显示出带有继承形式的 XML 片断（就像你在 IE 中查看 XML

文件那样）。HTML 可视化形式则将字符串进行解析，并将其显示为一个小页面。

除了点击放大镜附带的下拉菜单（给出所有的可视化选项），你也可以直接点击放大镜，它会自动以该数据类型上一次选择的选项给出可视化数据。

第五章 其它.NET 提示与技巧

本章中收录了.NET 方面的专用提示与技巧，其中许多条目与 VS.NET 并没有本质联系。不过它们对大多数 VS.NET 开发者会有帮助，所以我还是决定把它们收入本书。.NET 新手或许对其中一些内容不是很熟悉。

打乱你的.NET 程序

在对.NET 源代码进行编译时，它们并不会被编译成本地机器代码，而是微软中间语言（MISL）。而特定机器上的.NET Framework 负责将其解释成本地机器代码。这一过程被称为即时编译。这就意味着 MISL 使用非常开放的格式，每个熟悉 MISL 的人都可以对你的程序进行研究，阅读和深入理解。

正因为这个原因，你的程序集会非常容易被反编译——也就是分析你的程序，从中提取中源代码的过程。其实这并不难做到，许多工具都可以高效率地完成。将执行文件输入其中，就可以输出原始的 C#或 VB.NET 代码。当然，输出的代码和你开发时的代码会不太一样，但完全可以用于阅读和理解。

为解决这一问题，你需要在编译之后将代码打乱，也就是在不破坏整个程序的逻辑结构的前提下改变其代码或中间语言代码。其中包括修改变量名，将几个不相关的方法放入一个重载的方法中，将容易理解的 switch/case/if 等控制语句修改为不易理解的 goto，等等。这些操作或许无法防止程序被反编译，但反编译工具输出的代码会更加难懂。

VS.NET 2003 和 2005 中带有一个第三方打乱代码工具 Dotfuscator。你可以选择"工具→Dotfuscator 社区版"运行它。

修改 HTML 后不必重新生成

每当我看到一个开发者修改了几个 HTML 页面后就重新生成整个 web 程序项目时，都会觉得非常可怕。在修改一个.aspx 文件的 HTML 部分之后，不必重新生成整个项目并重启程序。包括修改网页控件属性也是，即使这些修改大大影响到页面输出结果，也不必重新生成项目。修改 HTML 内容之后，不必重新启动调试进程，只要刷新一下浏览器页面，就可以看到新的运行结果。

逐个字符地循环访问字符串

字符串在.NET 中是一个有趣的变量类型。虽然它们看上去很像值类型，其实它们是引用类型。你可以在代码中为一个字符串赋值，但它们是不会变的（每次你修改一个字符串时，实际都生成了一个新的字符串）。

字符串的一大特色是它们总具有字符数组的特征。也就是说，你可以使用简单的 Foreach 循环逐个字符地对一个字符串进行循环访问。

Foreach(char myChar in myString){…}

你也可以使用括号中的序数来指定字符串中的第 7 个字符。

Char myChar = myString[6];

将内联字符串用作对象实例

内联字符串具有对象实例的特征，这使得字符串看起来更加深奥。如果你输入一个字符串，在引号后面跟一个句点，智能提示会为你显示出与字符串变量一样所有可用的方法。

String prefixRemoved = myString.Substring("INFORMATION:".length);

为程序添加 App.config

对 System.Configuratoin.ConfigurationSettings.AppSettings 集合的访问总会检查一个程序的.config 文件。在 web 程序中，就是 web.config 文件；在 Windows 程序中，就是 MyWindowsApp.exe.config 文件。默认情况下，VS.NET 会为新建的空白 web 程序建立一个 Web.config 文件。不过对于 Windows 程序，你只能手动进行添加。

许多开发者创建一个名为 MyWindowsApp.exe.config 的文本文件，放进输出文件夹中。不过问题是，你必须为 debug 目录和 release 目录各放置一次。你修改输出的程序集名称时还要对应修改这个文件的名字。

更好的管理配置文件的办法是右键点击项目，选择"添加新项"。在对话框中找到"本地项目项→工具文件夹"，然后选择"程序配置文件"（在 2005 中只要选择 app 项就可以了）。这样一个名为 App.config 的文本文件就会被加入你的项目（如图 89）。

注意：有些 VS.NET 可能不会在这个对话框中显示程序配置文件。那你只能建立一个名为 App.config 的文本文件，放进项目的根目录。

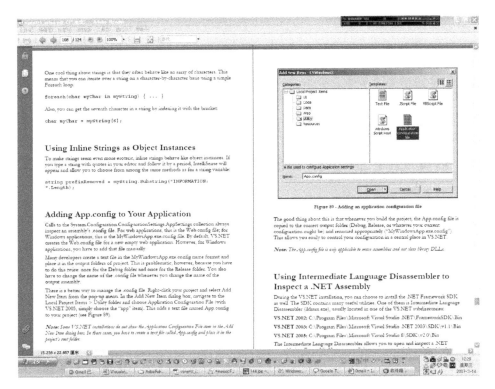

図 89 添加程序配置文件

这样做的优点是无论何时生成项目，App.config 文件都会被复制到相应的文件夹中（debug, release 或者你设置的其它输出文件夹）并适当地改名（"MyWindowsApp.exe.config"）。你就可以自如地在 VS.NET 中控制你的配置文件了。

注意： *App.config 文件只能用于主程序集，而不能用于 dll 库项目。*

使用中间语言反编译器来查看.NET 程序

在 VS.NET 安装过程中，你可以选择安装.NET Framework SDK。其中包含了许多有用的工具，比如说中间语言反编译器（ildasm.exe），通常位于 VS.NET 的如下子目录中：

VS.NET 2002: C:\Program Files\Microsoft Visual Studio .NET\FrameworkSDK\Bin

VS.NET 2003: C:\Program Files\Microsoft Visual Studio .NET 2003\SDK\v1.1\Bin

VS.NET 2005: C:\Program Files\Microsoft Visual Studio 8\SDK\v2.0\Bin

中间语言反编译器可以用来打开和查看一个.NET 程序（如图 90）。你会看到程序中定义的所有命名空间和类，也可以看到微软中间语言的代码。如果你的程序运行效果不好，看一看中间语言代码会很有帮助。

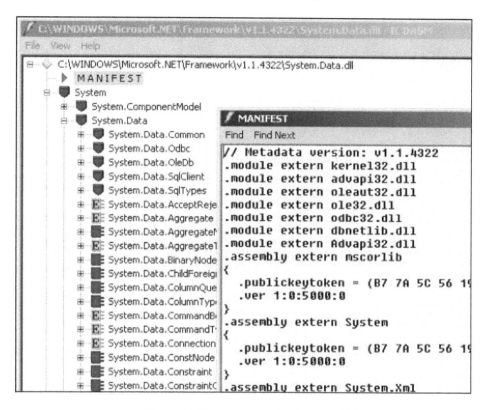

图 90 使用 ILDASM 查看.NET 程序

ILDASM 工具还可以用来确定一个程序编译时使用的.NET Framework 版本。在程序的声明部分中可以看到它引用的 System 集合版本。版本号 1:0:5000:0 表示编译时使用的是.NET Framework 1.0，而 1:0:3300:0 表示.NET Framework 1.1。当然，Framework 2.0 对应的版本号是以 2:0 开始的。

使用 Windows 类查看器来查找一个类

在 ILDASM 的同一个目录下，你会找到另一个有用工具，名叫 Windows 类查看器（WinCV.exe）。这个程序可以列出.NET Framework 中定义的任何一个类。使用类的部分名称就可以进行搜索，其中会列出所有可能的匹配结果。这种搜索非常快捷，每当你继续输入字符，缩小查找范围时，结果会自动进行更新。

如果你选中一个类，右侧会给出类似 C++头文件一样的信息，包括类中所有的结构，方法，事件等成员字段（如图 91）。

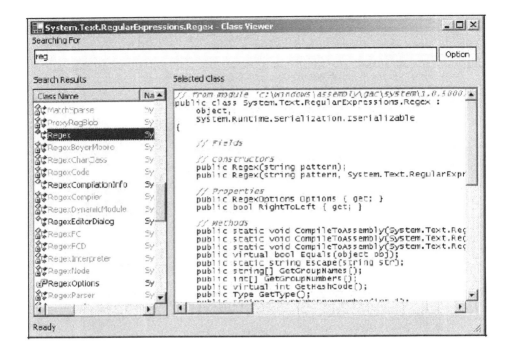

图 91 WinCV.exe 中显示出一个类的所有成员字段

注意：VS.NET 2005 的类定义视图中也有非常类似的工具。

运行 aspnet_regiis 来修复 IIS 安装

在一台你想用来开发 web 程序的电脑上安装 VS.NET 或者.NET Framework SDK 之前，必须确保上面已经安装了 IIS，因为在.NET 安装过程中需要安装注册必要的 ASP.NET ISAPI 扩展 Dll。如果安装.NET 之后再安装 IIS，两者将无法正常结合运行。

不过你不需要重新安装.NET，你可以使用 SDK 中带有的强大工具。在.NET Framework 所在的文件夹（通常是 C:\Windows\Microsoft.NET\Framework\V1.14322，数字由你使用的版本决定）中有一个小小的命令行工具，名为 aspnet_regiis.exe。

用以下方式来运行该工具，即可完成.NET 安装过程中的 IIS 注册操作：

Aspnet_regiis –i

注意: *本技巧不只是用于为.NET 设置 IIS,你可以在 ASP.NET 无法运行时用它来修复 IIS。*

如果你缺少 ASP.NET 运行所需要的客户端脚本文件(通常位于 /aspnet_client/system_web/version 文件夹下的 JavaScript 文件),可以用以下方式运行该工具:

Aspnet_regiis –c

最后,这个工具还能用于在 IIS 6 中启用 ASP.NET 支持。Windows 2003 Server 中的 IIS 在默认情况下是关闭了 ASP.NET 的。你可以选择"IIS→扩展"来启用它。但如果你需要使用命令来启用,就可以使用以下方式:

Aspnet_regiis –enabled

对 ASP.NET Web 程序进行预编译

当你使用 VS.NET 编译 Web 程序时,它会将所有的 code-behind 文件编译到程序集之内。在第一次访问刚刚编译完成的网站时,你会发现 ASP.NET 引擎需要再次进行编译,产生明显的延迟(这也是它遭人诟病的主要原因)。.NET Framework 2.0 中提供了几种帮助 ASP.NET 进行编译的工具。

访问虚拟网址 http://localhost/MyWebApplication/preocmpile.axd。与第三章"使用 Trace.axd 调试 ASP.NET Web 程序"中的 HTTP 处理页面 trace.axd 相似,这个虚拟网址中也具有一个 HTTP 处理机制。它会遍历你的 web 程序,对所有页面进行预编译来去除延迟。所以在发布网站之后,一定要先运行这个 HTTP 处理页面。

你也可以使用新的 aspnet_compiler.exe 来自动完成所有编译工作。它位于.NET Framework 2.0 的目录下(C:\Windows\Microsoft.NET\Framework\v2.0)。

用以下方式运行该工具:

Aspnet_compiler –v /MyWebApplication

这个命令会对整个程序进行编译(和 VS.NET 中的编译相同),并对所有页面进行预编译,这样一来你第一次访问网站时就不会再有明显的延迟。

为 Web 程序设置 ASP.NET 版本

默认情况下，ASP.NET Web 程序会使用机器上可用的最新版的.NET Framework 来运行（而 Windows 程序会尽量使用它编译时使用的版本）。问题是你安装了.NET Framework 2.0 之后，你的所有程序都会使用 2.0 来运行，这或许并不是你希望的结果。

你可以做些设置来改变这种状况。安装.NET Framework 2.0 会为虚拟目录的属性对话框中加入新的选项卡。打开 IIS，右键点击虚拟目录，选择"属性"。在 ASP.NET 选项卡上，你可以明确指定该程序使用哪一版本的 Framework 来运行（如图 92）。

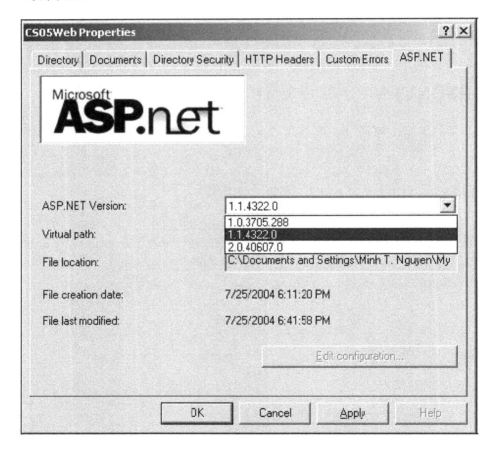

图 92 在 IIS 中为你的程序设置 ASP.NET 版本

手动清除程序缓存

如果一个网页上嵌有 windows 表单程序，该程序会在访问时先被下载到本地缓存中，然后运行。只要页面上的程序还在显示（就像 Java Applet），所有代码都是从你的本机上运行的（当然，受到所有的安全性设置限制）。当网页作者对程序进行更新后，新版本的程序会强制浏览器重新下载。

有时你或许需要立即重新下载一个程序。这种情况通常发生在开发者的机器上，缓存会影响某些程序的日常开发。删除 IE 临时文件也没有用。你可以手动删除缓存文件夹，通常位于 C:\Windows\Assembly\Download。你也可以使用.NET 的 gacutil.exe 工具，它位于 C:\Windows\Microsoft.NET\Framework\V1.0.3705。

使用方法是：

Gacutil.exe –cdl

在字符串，标签和内联.NET 代码中使用 Unicode 编码

.NET Framework 对 Unicode 编码有完全的支持。.NET 中的字符串都是 Unicode 字符串，处理 Unicode 字符串并不需要特别的步骤。但更妙的是，不但字符串可以使用 Unicode 值，连 VS.NET 也是完全支持 Unicode 的。

我开发过几个越南语的程序。开发者们经常问我，我是怎样让越南语字符显示在程序中的，或者我是如何将越南语字符存储在数据库中的。事实上，我什么也没做。我直接使用越南语，一点问题也没有。

在 VS.NET 中设计 Windows 程序时，我只是打开语言工具（如 Windows 的全球输入法编辑器，或者第三方的工具比如越南语的 VPSKeys），然后给按钮和标签的值设置为 Unicode 字符串。

还不只这样。因为 VS.NET 的编辑器也是支持 Unicode 的，只要我在"文件→高级存储选项"中进行设置，将.cs/.vb 文件存储为 Uicode 格式（Unicode, UTF-8 等等），就可以直接输入 Unicode 字符串。

还有更特别的。我甚至可以在代码中直接使用 Unicode 字符。代码注释，区域标签，变量名，类名，方法名，全部都可以包含 Unicode 字符（如图 93）。

```
private void button1_Click(object sender, System.EventArgs e)
{
    ThửUnicode("Nguyễn Trí Minh");
}                    void Form1.ThửUnicode (string tênVàHọ)
                     Thử viết tiếng việt

/// <summary>
/// Thử viết tiếng việt
/// </summary>
/// <param name="tênVàHọ">tên và họ</param>
private void ThửUnicode(string tênVàHọ)
{
    // viết tiếng việt bằng unicode
    MessageBox.Show(this, "Xin chào thế giới", tênVàHọ);

    HindiEnum myEnum = HindiEnum.हिन्दी;

    中文
}
```

图 93 在符号名，字符串，注释等地方使用 Unicode 字符

再次抛出同样的异常

如果一个异常需要被记入日志，开发者们通常会使用如下的代码来进行记录：

Try

{...}

Catch(Exception ex){

    Log(ex);

    Throw(ex);

}

这样的代码是可以用的，再次抛出的异常也不会被忽略。但开发者们往往忘记了一点：重新抛出异常会使 VS.NET 清空异常的堆栈跟踪。如果你去看一下异常的堆栈跟踪属性，里面的 catch 部分只会记录该异常的第一次抛出时间。

要在 catch 部分正确地抛出同一个异常，使用 throw 就可以了。

```
Try

{...}

Catch(Exception ex){

    Log(ex);

    Throw;

}
```

这样就可以重新抛出该异常，而不会在监视过程中清空堆栈跟踪。

后记

希望你在阅读本书的过程中获得了乐趣，发现了这些提示与技巧的用途，并立即开始在工作中练习使用。或许记住所有的技巧要花点时间，所以我建议你经常查阅本书来加深印象。

如果你有任何观点和指正，或者说你知道另外一些你觉得应该收入本书的小技巧，请立即发邮件给我。

英语是我的第三门语言。在此感谢我的编辑，斯蒂芬·格伦韦德的鼎力协助。我还要感谢伟大的杰恩·玛丽为本书编写索引。

本书由张立楠翻译，霍泰稳(Kevin@c4media.com)整理，因为他们专业细致的工作，本书才得以和中国读者见面，在此向他们表示衷心的感谢！

祝编码愉快。

Minh T. Nguyen
nguyentriminh@yahoo.com